MW01100264

SOMERSET MAUGHAM

Very Short Stories

Nouvelles brèves

Choix, présentation, traduction et notes
par
Charles PELLOUX

Les langues pour tous

Collection dirigée par Jean-Pierre Berman,
Michel Marcheteau et Michel Savio

ANGLAIS Série bilingue

Niveaux : ❑ facile (1er cycle) ❑❑ moyen (2e cycle) ❑❑❑ avancé

Littérature anglaise et irlandaise

- **Carroll (Lewis)** ❑
  Alice in Wonderland
- **Conan Doyle** ❑
  Nouvelles (4 volumes)
- **Fleming (Ian)** ❑❑
  James Bond en embuscade
- **Greene (Graham)** ❑❑
  Nouvelles
- **Jerome K. Jerome** ❑❑
  Three men in a boat
- **Mansfield (Katherine)** ❑❑❑
  Nouvelles
- **Masterton (Graham)** ❑❑
  Grief - The Heart of Helen Day
- **Wilde (Oscar)**
  Nouvelles ❑
  The Importance of being
  Earnest ❑❑
- **Wodehouse P.G.**
  Nouvelles ❑❑
- **L'humour anglo-saxon** ❑
- **L'anglais par les chansons** ❑

Ouvrages thématiques

(+ ⊙)
- **Science fiction** ❑❑

Littérature américaine

- **Bradbury (Ray)** ❑❑
  Nouvelles
- **Chandler (Raymond)** ❑❑
  Trouble is my business
- **Columbo** ❑
  Aux premières lueurs de l'aube
- **Fitzgerald (Scott)** ❑❑❑
  Nouvelles
- **George (Elizabeth)** ❑❑
  Trouble de voisinage
- **Hammett (Dashiell)** ❑❑
  Murders in Chinatown
- **Highsmith (Patricia)** ❑❑
  Nouvelles
- **Hitchcock (Alfred)** ❑❑
  Nouvelles
- **King (Stephen)** ❑❑
  Nouvelles
- **James (Henry)** ❑❑❑
  The Turn of the Screw
- **London (Jack)** ❑❑
  Nouvelles

Anthologies

- **Nouvelles US/GB** ❑❑ (2 vol.)
- **Les grands maîtres
  du fantastique** ❑❑
- **Nouvelles américaines
  classiques** ❑❑

Autres langues disponibles dans les séries de la collection
Langues pour tous

ALLEMAND - AMÉRICAIN - ARABE - CHINOIS - ESPAGNOL - FRANÇAIS - GREC - HÉBREU
ITALIEN - JAPONAIS - LATIN - NÉERLANDAIS - OCCITAN - POLONAIS - PORTUGAIS
RUSSE - TCHÈQUE - TURC - VIETNAMIEN

Sommaire

Prononciation

Elle est donnée dans la nouvelle transcription – Alphabet Phonétique International modifié – adoptée par A.C. GIMSON dans la 14e édition de l'*English Pronouncing Dictionary* de Daniel JONES (Dent, London).

Sons voyelles

[ɪ] **pit**, un peu comme le *i* de *site*

[æ] **flat**, un peu comme le *a* de *patte*

[ɒ] ou [ɔ] **not**, un peu comme le *o* de *botte*

[ʊ] ou [u] **put**, un peu comme le *ou* de *coup*

[e] **lend**, un peu comme le *è* de *très*

[ʌ] **but**, entre le *a* de *patte* et le *eu* de *neuf*

[ə] jamais accentué, un peu comme le *e* de *le*

Voyelles longues

[iː] **meet**, [miːt] cf. *i* de *mie*

[ɑː] **farm**, [fɑːm] cf. *a* de *larme*

[ɔː] **board**, [bɔːd] cf. *o* de *gorge*

[uː] **cool**, [kuːl] cf. *ou* de *mou*

[ɜː] ou [əː] **firm**, [fəːm] cf *e* de *peur*

Semi-voyelle

[j] **due**, [djuː], un peu comme *diou...*

Diphtongues (voyelles doubles)

[aɪ] **my**, [maɪ], cf. *aïe !*

[ɔɪ] **boy**, cf. *oyez !*

[eɪ] **blame**, [bleɪm], cf. *eille* dans *bouteille*

[aʊ] **now**, [naʊ] cf. *aou* dans *caoutchouc*

[əʊ] ou [əu] **no**, [nəʊ], cf. *e + ou*

[ɪə], **here**, [hɪə], cf. *i + e*

[eə] **dare** [deə], cf. *é + e*

[ʊə] ou [uə] **tour**, [tʊə], cf. *ou + e*

Consonnes

[θ] **thin**, [θɪn], cf. *s* sifflé (langue entre les dents)

[ð] **that**, [ðæt], cf. *z* zézayé (langue entre les dents)

[ʃ] **she**, [ʃiː], cf. *ch* de *chute*

[ŋ] **bring**, [brɪŋ], cf. *ng* dans *ping-pong*

[ʒ] **measure**, ['meʒə], cf. le *j* de *jeu*

[h] le *h* se prononce ; il est nettement <u>expiré</u>

Comment utiliser la série « Bilingue » ?

Cet ouvrage de la série « Bilingue » permet aux lecteurs :
• d'avoir accès aux versions originales de textes célèbres, et d'en apprécier, dans les détails, la forme et le fond, en l'occurrence, ici, neuf nouvelles de **Somerset Maugham** ;
• d'améliorer leur connaissance de l'anglais, en particulier dans le domaine du vocabulaire dont l'acquisition est facilitée par l'intérêt même du récit, et le fait que mots et expressions apparaissent en situation dans un contexte, ce qui aide à bien cerner leur sens.

Cette série constitue donc une véritable méthode d'auto-enseignement, dont le contenu est le suivant :
• page de gauche, le texte anglais ;
• page de droite, la traduction française ;
• bas des pages de gauche et de droite, une série de notes explicatives (vocabulaire, grammaire, rappels historiques, etc.).

Les notes de bas de page et la liste récapitulative à la fin de l'ouvrage aident le lecteur à distinguer les mots et expressions idiomatiques d'un usage courant aujourd'hui, et qu'il lui faut mémoriser, de ce qui peut être trop exclusivement lié aux événements et à l'art de l'auteur.

Il est conseillé au lecteur de lire d'abord l'anglais, de se reporter aux notes et de ne passer qu'ensuite à la traduction ; sauf, bien entendu, s'il éprouve de trop grandes difficultés à suivre le récit dans ses détails, auquel cas il lui faut se concentrer davantage sur la traduction, pour revenir finalement au texte anglais, en s'assurant bien qu'il en a maintenant maîtrisé le sens.

Présentation

William Somerset Maugham [mɔːm] (1874-1965), conteur également connu et apprécié comme romancier, dramaturge, et auteur de récits de voyage, a écrit plus de cent vingt nouvelles. Sa réputation de conteur ne fut véritablement établie qu'en 1921 avec la publication du recueil intitulé *The* **Trembling of a Leaf**, en français *L'Archipel aux sirènes*.

• Sur les neuf nouvelles retenues, six ont pour origine les voyages et les séjours plus ou moins prolongés que Somerset Maugham effectua — et les rencontres qu'il fit — pendant les années vingt, dans le monde entier et plus particulièrement en Extrême-Orient (Chine et Japon), en Amérique du Sud (Guatemala) et bien sûr en Europe continentale (Espagne et Russie). Les trois autres — et non des moindres — se situent en Angleterre et plus précisément à Londres.

• Ce sont toutes des nouvelles de la maturité, publiées entre 1922 et 1929, l'auteur ayant alors de 48 à 55 ans. Elles apparaissent dans le volume dans l'ordre chronologique de première publication. Les deux plus longues ouvrent et ferment la marche ; l'auteur en tant que narrateur en est absent alors qu'il figure en bonne place dans les sept autres récits comme personnage à part entière : un je observateur, témoin, confident, ami, partenaire ou simple connaissance de rencontre des protagonistes.

• Les nouvelles du recueil ont été choisies pour donner au lecteur une bonne idée de l'art de l'auteur qui réunit adroitement la variété des thèmes et des sujets, la tonalité des récits (atmosphère, couleur locale, exotisme), la brièveté et la simplicité des textes.

• Que dire de la manière et plus précisément du style ? Ce qui frappera le lecteur sera avant tout l'économie des moyens : dire tout ce qu'il y a à dire — ce qui ne signifie pas tout dire — de la façon la plus directe possible, sans gaspillage, sans fioritures ; dresser un décor ou camper un personnage en quelques traits ; faire apparaître toute la subtilité psychologique par le seul dialogue (voir les deux remarquables portraits de femmes dans *Louise* et *La promesse*) ; soigner le déroulement de l'intrigue, ménager le suspense et enfin préparer le dénouement, la chute et ce, dans des registres tantôt comiques, tantôt dramatiques, mais le plus souvent tragicomiques, c'est-à-dire humoristiques. Tout grand conteur est avant tout un raconteur d'histoires.

• Quant au niveau linguistique, le lecteur s'apercevra bien vite — et, nous espérons, avec plaisir — qu'il est tout à fait abordable !

Chronologie

1874 : naissance à Paris de W. Somerset Maugham.

1874-1884 : enfance passée en France ; mort de sa mère en 1882 et de son père en 1884.

1884-1889 : études primaires et secondaires à Canterbury.

1889 : hiver dans le Var auprès d'un précepteur anglais.

1890-1892 : auditeur libre à l'Université d'Heidelberg.

1892-1897 : études de médecine à l'hôpital universitaire de Saint-Thomas de Londres.

1897 : publication de son premier roman **"Liza of Lambeth"**. Renonce à l'exercice de la médecine pour se consacrer entièrement à la littérature.

1898-1902 : voyages et séjours à Séville, en Italie et surtout à Paris.

1903 : représentation de sa première pièce de théâtre **"A Man of honour"**.

1903-1907 : création de plusieurs comédies de boulevard à succès.

1912-1914 : rédaction d'un grand roman autobiographique **"Of Human Bondage"**, publié en 1915.

1914-1918 : ambulancier sur le front belge ; travaille à Genève pour l'Intelligence Service ; se marie et abandonne sa femme ; séjour à Tahiti puis en 1917 est envoyé Russie en mission secrète auprès de Kerenski ; fin de la guerre dans un sanatorium écossais pour soigner sa tuberculose.

1919 : publication de **"The Moon and Six pence"**, roman inspiré de la vie de Gauguin.

1920-1924 : série de grands voyages à travers le monde. Publication en 1921 de son premier recueil de nouvelles **"The Trembling of a Leaf"**.

1925-1938 : réussite remarquée dans les cinq genres qu'il pratique : la nouvelle, le théâtre, le roman, le récit de voyage et l'essai. En 1928, s'installe à Saint-Jean-Cap-Ferrat.

1939-1944 : ira aux Etats-Unis pour faire de la propagande pour l'Angleterre en lutte. Publication en 1944 de son dernier grand roman : **"The Razor's Edge"**.

1945 : retour quasi-définitif sur la Côte d'Azur. 1948 : publication de **"A Writer's Notebook"**, l'essentiel d'un journal tenu pendant plus de cinquante ans.

1951 : publication des **"Complete Short Stories"**.

1965 : mort en décembre, peu avant son quatre-vingt douzième anniversaire.

Charles Pelloux a enseigné l'anglais des affaires à l'**Université de Paris IV Sorbonne,** au **CELSA,** et à l'**Ecole Supérieure de Commerce de Paris (ESCP).**

Il a publié plusieurs ouvrages et méthodes d'enseignement de l'anglais et plus particulièrement **Dialoga anglais**, première méthode audio-orale commercialisée en France (1964).

Il s'est ensuite occupé de lexicologie et de lexicographie de l'anglais (co-auteur du **Dictionnaire de l'anglais économique, commercial et financier**, de LANGUES POUR TOUS), ainsi que de l'enseignement assisté par ordinateur (didacticiel de compréhension auditive de l'anglais).

Le Code de la propriété intellectuelle n'autorisant aux termes de l'article L. 122-5 (2e et 3e a), d'une part, que les « copies ou reproductions strictement réservées à l'usage privé du copiste et non destinées à une utilisation collective » et, d'autre part, que les analyses et les courtes citations dans un but d'exemple ou d'illustration, « toute représentation ou reproduction intégrale ou partielle faite sans le consentement de l'auteur ou de ses ayants droit ou ayants cause est illicite » (art. L. 122-4).

Cette représentation ou reproduction, par quelque procédé que ce soit, constituerait donc une contrefaçon sanctionnée par les articles L. 335-2 et suivants du Code de la propriété intellectuelle.

© Royal Literary Fund
© 2006 – Pochet – Langues pour Tous,
Département d'Univers Poche pour cette présente édition
ISBN : 2-266-15894-5

The Taipan[1]

Le taipan

No one knew better than he that he was an important person. He was number one in not the least important branch of the most important English firm in China. He had worked his way up[2] through solid ability and he looked back with a faint smile at the callow clerk who had come out to China thirty years before. When he remembered the modest home he had come from, a little red house[3] in a long row of little red houses, in Barnes, a suburb which, aiming desperately at the genteel, achieves only a sordid melancholy, and compared it with the magnificent stone mansion[4], with its wide verandas and spacious rooms, which was at once the office of the company[5] and his own residence, he chuckled with satisfaction. He had come a long way since then. He thought of the high tea[6] to which he sat down when he came home from school (he was at St Paul's[7]), with his father and mother and his two sisters, a slice of cold meat, a great deal of bread and butter[8] and plenty of milk in his tea, everybody helping himself[9], and then he thought of the state in which now he ate his evening meal. He always dressed[10] and whether he was alone or not he expected the three boys to wait[11] at table. His number one boy knew exactly what he liked and he never had to bother himself with the details of housekeeping[12] : but he always had a set dinner with soup and fish, entrée, roast, sweet, and savoury[13], so that if he wanted to ask anyone in at the last moment he could.

---

1. **taipan** : ce mot chinois, bien évidemment translitéré, désigne le dirigeant d'une maison de commerce étrangère ; on pourrait le traduire par *grand patron*.
2. **to work one's way up** : *atteindre le sommet de la hiérarchie, gravir tous les échelons à la force du poignet.*
3. m. à m. : *une petite maison rouge dans une longue rangée de petites maisons rouges.*
4. **mansion** : *importante demeure, château, hôtel particulier.*
5.**company** : *société, compagnie, entreprise* ; le mot désigne la forme juridique.
6. **high tea** : en fait, *le repas du soir, le dîner* = **the evening meal.**
7.**St Paul's** : il s'agit d'une célèbre **public school** de Londres. Elle fait partie, comme Eton, Rugby, etc. des **sacred nine** *(sacrées neuf)* c'est-à-dire des plus prestigieuses écoles privées, réservées aux enfants des classes dirigeantes et aux boursiers méritants.

Il savait mieux que quiconque qu'il était un personnage important. Il dirigeait l'une des plus importantes succursales de la plus importante compagnie anglaise de Chine. Il avait atteint le sommet de la hiérarchie grâce à sa solide compétence et il revoyait, avec un léger sourire, le jeune employé inexpérimenté qui avait débarqué en Chine trente ans auparavant. Quand il se rappelait le modeste foyer de ses origines, une petite maison de briques rouges, au milieu d'une rangée de petites maisons toutes semblables, à Barnes, une ville de la banlieue de Londres, qui, en cherchant désespérément à atteindre la distinction de banlieue bourgeoise, ne réussit qu'à être d'une tristesse sordide, et qu'il le comparait à la magnifique demeure en pierre de taille, aux larges vérandas et aux pièces spacieuses, qui était à la fois le siège de la société et sa propre résidence, il gloussait de satisfaction. Il avait fait du chemin depuis lors ! Il songeait au repas du soir qu'il prenait en rentrant de l'école (il était à Saint-Paul) avec ses parents et ses deux sœurs, chacun se servant : une tranche de viande froide, beaucoup de pain beurré et beaucoup de lait dans son thé. Il pensait à l'apparat qui présidait maintenant à son dîner. Il était toujours en smoking et qu'il ait ou non de la compagnie, il tenait à ce que les trois boys servent à table. Le premier boy connaissait exactement ses goûts et il n'avait jamais à se soucier des détails du ménage. Son dîner était toujours un repas complet avec potage, poisson, entrée, rôti, et entremets – ce qui lui permettait d'inviter quelqu'un à la dernière minute.

---

8. m. à m. : *une grande quantité de pain et de beurre.*
9. **help yourself** : *servez-vous.* **Help yourself to some more tea** : *reprenez un peu de thé.*
10. **to dress** ici veut dire *se mettre en habit pour dîner.*
11. **to wait** : *servir à table.* **To wait on sbd** : *s'occuper de quelqu'un.* **A waiter** : *un garçon (de café, de restaurant).*
12 **housekeeping** : *la tenue d'une maison.* **A housekeeper** : *une gouvernante.*
13. Pour être plus précis, **sweet** : : *entremets sucré* et **savoury** : *entremets non sucré en fin de repas.* **Sweet** ou **sweets** signifie le plus souvent le *dessert :* **dessert**, prononcé [dɪ'zəːt] ; **sweets** a aussi le sens de *bonbons.*

He liked his food and he did not see why when he was alone he should have less good a dinner[1] than when he had a guest.

He had indeed gone far[2]. That was why he did not care to go home[3] now, he had not been to England for ten years, and he took his leave[4] in Japan or Vancouver, where he was sure of meeting old friends from the China coast. He knew no one at home. His sisters had married in their own station[5], their husbands were clerks and their sons were clerks ; there was nothing between him and them ; they bored him. He satisfied the claims of relationship by sending them every Christmas a piece of fine silk, some elaborate embroidery, or a case of tea[6]. He was not a mean[7] man and as long as his mother lived he had made her an allowance[8]. But when the time came[9] for him to retire[10] he had no intention of going back to England, he had seen too many men do that and he knew how often it was a failure ; he meant to take a house[11] near the racecourse in Shanghai : what with bridge and his ponies and golf he expected to get through the rest of his life very comfortably. But he had a good many years before he need think of retiring[12]. In another five or six Higgins would be going home and then he would take charge of the head office in Shanghai. Meanwhile he was very happy where he was, he could save money, which you couldn't do in Shanghai, and have a good time into the bargain[13]. This place had another advantage over Shanghai : he was the most prominent man in the community and what he said went[14].

---

1. **less good a dinner** : attention à l'ordre des mots.
2. m. à m. : *il était, en vérité, allé loin.*
3. **to go home** veut bien dire *rentrer chez soi* mais ici, plus précisément, *rentrer au pays.*
4. **leave** est le mot désignant *les congés* pour les militaires et le personnel des entreprises qui travaillent outre-mer. **To be on sick leave** : *être en congé de maladie.*
5. **station** : rang, position. **Station in life** : *condition sociale.*
6. **a case of tea = a chest of tea** : *une caisse de thé.*
7. **mean** : *avare, mesquin.*
8. **allowance** : indemnité. **A family allowance** : *les allocations familiales.* **A travelling allowance** : *une indemnité de déplacement.*
9. Attention à ne pas employer le futur (ou le conditionnel) après **when** dans une subordonnée de temps, mais le présent (ou le prétérit). Ex : **When I retire, I'll go and live at the seaside** : *Quand je serai à la retraite, j'irai vivre au bord de la mer.*

- Large container for laundry soap
- glasses
- Flip top glass jar for Krusha grain
- Pasta Holder
- Starch
- Water

Il aimait la bonne chère et ne voyait pas pourquoi, quand il était seul, il devait moins bien manger que lorsqu'il avait un invité. Il avait vraiment fait du chemin. D'où son peu d'envie de rentrer au pays. Il n'était pas retourné en Angleterre depuis dix ans. Il passait ses congés, au Japon ou à Vancouver, où il était sûr de retrouver de vieux amis venus de la côte chinoise. Il ne connaissait plus personne au pays. Ses sœurs avaient épousé des hommes de leur condition : ils étaient employés de bureau, leurs fils aussi ; il n'avait rien de commun avec eux ; ils étaient ennuyeux. Il s'acquittait de ses devoirs de parenté en leur envoyant à chaque Noël une belle pièce de soie, une broderie raffinée ou une caisse de thé. Il était généreux et il avait versé une pension à sa mère jusqu'à sa mort. Mais quand l'heure de la retraite sonnerait pour lui, il n'avait pas l'intention de retourner en Angleterre ; il avait vu trop de collègues faire le voyage et il savait que cela avait souvent été un échec. Il envisageait d'acquérir une maison près du champ de courses de Shangai : entre le bridge, les poneys et le golf, il se voyait passer le reste de sa vie très agréablement. Mais il lui restait encore de nombreuses années avant d'avoir à songer à la retraite. Dans cinq ou six ans, Higgins rentrerait au pays et prendrait alors la direction du siège à Shangai. En attendant, il était très heureux de sa situation, il pouvait mettre de l'argent de côté – ce qui était impossible à Shangai – et en plus se payer du bon temps. Autre avantage sur Shangai, il était l'homme le plus en vue de la colonie et sa parole faisait autorité.

---

10. **to retire** : *prendre sa retraite*. **Early retirement** : *retraite anticipée*. **A retiree** : *un retraité*.

11. **to take a house** a ici le sens *d'acquérir, d'acheter une maison*.

12. **before he need think of retiring** : ici, **need** est employé comme verbe auxiliaire. Il en a tous les attributs : invariable, non suivi de **to**, etc. Il est principalement utilisé aux formes négatives et interrogatives. On pourrait l'employer comme verbe ordinaire et écrire alors : **before he needed to think of retiring.**

13. **into the bargain** : *par-dessus le marché*. **A bargain** : *une bonne affaire*. **To bargain** : *marchander*.

14. m. à m. : *ce qu'il disait allait*.

Even the consul took care to keep on the right side of him. Once a consul and he had been at loggerheads and it was not he who had gone to the wall[1]. The taipan thrust[2] out his jaw pugnaciously as he thought of the incident.

But he smiled, for he felt[3] in an excellent humour. He was walking back to his office from a capital luncheon at the Hong Kong and Shanghai Bank. They did you very well there. The food was first-rate and there was plenty of[4] liquor[5]. He had started with a couple of cocktails, then he had some excellent sauterne, and he had finished up with two glasses of port and some fine old brandy. He felt good. And when he left he did a thing that was rare with him ; he walked. His bearers with his chair kept a few paces[6] behind him in case he felt inclined to slip[7] into it, but he enjoyed stretching[8] his legs. He did not get enough exercise these days. Now that he was too heavy to ride[9] it was difficult to get exercise[10]. But if he was too heavy to ride he could still keep ponies, and as he strolled[11] along in the balmy air he thought of the spring meeting. He had a couple of griffins that he had hopes of and one of the lads[12] in his office had turned out a fine jockey (he must see they didn't sneak him away, old Higgins in Shanghai would give a pot of money to get him over there) and he ought to[13] pull off two or three races. He flattered himself that he had the finest stable in the city. He pouted his broad[14] chest like a pigeon[15]. It was a beautiful day, and it was good to be alive.

---

1. autre sens de **to go to the wall** : *faire faillite.*
2. **to thrust, thrust, thrust** : *pousser ; étendre ; allonger.*
3. **to feel, felt, felt** : *sentir, ressentir ; éprouver un sentiment*
4. **plenty of liquor** = **a great quantity of liquor** = **a lot of alcohol.**
5. **liquor,** en fait, est le nom générique pour toutes les boissons alcoolisées.
6. **pace** = **step.** Pace veut aussi dire : *vitesse, allure.*
7. **to slip** : *glisser (accidentellement).* **He slipped on a banana peel** : *il a glissé sur une peau de banane.*
8. **to stretch** : *s'étirer.* **I am going to stretch my legs** : *je vais aller me dégourdir les jambes, je vais aller faire un tour.*

Même le consul veillait à rester en bons termes avec lui. Il avait été une fois en désaccord avec un consul et ce n'est pas lui qui avait perdu la partie. Le taipan serra les dents d'un air aggressif au souvenir de cet incident. Puis il se mit à sourire, car il se sentait d'excellente humeur. Il rentrait à pied au bureau après un excellent déjeuner à la banque de Hong-Kong et Shangai. Il avait été traité royalement. Les mets étaient de premier ordre et l'alcool coulait à flots. Il avait pris deux cocktails pour commencer, puis un excellent sauternes et pour finir deux verres de porto et un vieux cognac excellent. Il se sentait en forme. Il fit alors une chose qui était rare chez lui : il rentra à pied. Ses porteurs de chaise le suivait à quelques pas au cas où il aurait envie de s'y glisser, mais il prenait plaisir à se dégourdir les jambes. Il ne faisait pas assez d'exercice ces derniers temps. Maintenant qu'il était trop lourd pour monter à cheval, il lui était difficile de faire de l'exercice. Mais s'il était trop lourd, il pouvait encore élever des poneys, et, tout en se promenant dans l'air parfumé, il songeait à la réunion de printemps. Il possédait deux nouvelles bêtes prometteuses et un des jeunes au bureau s'était révélé bon jockey (il faudrait qu'il veille à ce qu'on ne le lui prenne pas, le vieux Higgins de Shangai paierait cher pour l'avoir chez lui) et il devrait pouvoir remporter deux ou trois courses. Il se flattait de posséder la plus belle écurie de la ville. Il gonfla sa large poitrine comme un pigeon qui fait jabot. Il faisait une journée magnifique et il faisait bon vivre.

---

9. **to ride, rode, ridden :** *aller à cheval, à bicyclette.*
10. attention à l'orthographe : **exercise** : *exercice.*
11. **to take a stroll = to go for a stroll** = *aller faire un tour à pied, aller se promener.*
12. **a lad :** *un jeune homme, un jeune garçon.* **Un garçon d'écurie** : *a stable boy.*
13. **he ought to = he should :** *il devrait.*
14. **broad = wide :** *large.* **Breadth = width** : *largeur.* **Wide** et **width** ont une fréquence d'emploi bien supérieure à **broad** et à **breadth. The river is three feet wide :** *la rivière a une largeur de trois pieds.*
15. attention à la prononciation de **pigeon** [ˈpɪdʒən].

He paused as he came to the cemetery. It stood there, neat and orderly, as an evident sign of the community's opulence. He never passed the cemetery without a little glow[1] of pride[2]. He was pleased to be an Englishman. For the cemetery stood in a place, valueless when it was chosen[3], which with the increase of the city's affluence[4] was now worth[5] a great deal of money. It had been suggested that the graves should be moved to another spot and the land sold[6] for building, but the feeling of the community was against it. It gave the taipan a sense of satisfaction to think that their dead[7] rested[8] on the most valuable site on the island. It showed that there were things they cared for more than money. Money be blowed[9] ! When it came to "the things that mattered"[10] (this was a favourite phrase[11] with the taipan), well, one remembered that money wasn't everything.

And now he thought he would take a stroll through. He looked at the graves. They were neatly kept and the pathways were free from weeds[12]. There was a look of prosperity. And as he sauntered along he read the names on the tombstones[13]. Here were three side by side : the captain, the first mate[14], and the second mate of the barque[15] Mary Baxter, who had all perished together in the typhoon of 1908. He remembered it well. There was a little group of two missionaries, their wives and children, who had been massacred during the Boxer[16] troubles. Shocking thing that had been ! Not that he took much stock in missionaries ; but, hang it all, one couldn't have these damned Chinese massacring them.

---

1. **a glow** : *une lueur (rouge)*. **To glow** : *rougeoyer, rayonner*.
2. **pride** : *fierté, orgueil*. **To be proud of** : *être fier de*.
3. **to choose, chose, chosen**.
4. **affluence = wealth. The affluent society** : *la société de l'opulence*.
5. **to be worth** : *valoir*. **This book is worth two pounds** : *ce livre coûte deux livres*. **This book is worth reading** : *ce livre vaut la peine d'être lu*.
6. **to sell, sold, sold. A sale** : *une vente*.
7. **the dead** : les morts. **Dead** est ici un adjectif substantivé, comme **sick** dans **the sick** : *les malades*, **poor** dans **the poor** : *les pauvres*, etc. ; mais on dira **a dead man** : *un mort*, **a poor man** : *un pauvre*.
8. **to rest** est un faux ami : *se reposer, prendre du repos*. **Let's have a rest** : *Reposons-nous*. Rester : **to remain** ou **to stay**. *Ce qui reste* : **What is left**.
9. **blowed** : emploi populaire, argotique, au lieu de la forme

Il s'arrêta en arrivant au cimetière. Parfaitement entretenu, c'était une manifestation évidente de l'opulence de la colonie. Il ne passait jamais devant sans éprouver une petite pointe de fierté. Il était heureux d'être anglais. Car le site du cimetière, sans valeur à l'époque où il avait été choisi, valait aujourd'hui – par suite de la richesse croissante de la ville – énormément d'argent. On avait suggéré le transfert des tombes et la vente du terrain pour y construire des immeubles, mais le sentiment de la colonie y était opposé. Le taipan éprouvait un sentiment de satisfaction à l'idée que les morts reposaient dans le site le plus cher de l'île. Cela prouvait que la communauté plaçait d'autres valeurs au dessus de l'argent. Au diable l'argent ! Face aux « valeurs fondamentales » – c'était l'une des expressions favorites du taipan – on se souvenait que l'argent n'était pas tout. Il eut alors l'idée d'aller se promener dans le cimetière. Il regarda les tombes. Elles étaient bien entretenues et il n'y avait pas de mauvaises herbes dans les allées. Tout avait l'air florissant. Tout en flânant, il lisait les noms gravés sur les pierres tombales. Il y en avait trois côte à côte : celle du commandant, du second et du lieutenant du trois-mâts, la Marie Baxter, qui avaient tous péri lors du typhon de 1908. Il s'en souvenait très bien. Il y avait un petit groupe de deux missionnaires, de leurs épouses et de leurs enfants qui avaient été massacrés au cours des émeutes des Boxers. Ça avait été affreux ! Ce n'est pas qu'il faisait grand cas des missionnaires mais, bon sang, on ne pouvait tout de même pas les laisser massacrer par ces maudits Chinois.

---

correcte irrégulière : **blown. To blow, blew, blown : souffler. The wind is blowing** : *le vent souffle.*
10. m. à m. *aux choses qui avaient de l'importance, qui comptaient.*
11. **phrase** est un faux ami : *expression.* **A set phrase :** *une expression toute faite. Une phrase se dit* **a sentence.**
12. **weeds :** *mauvaises herbes.* **Seaweeds :** *les algues.* **To weed (out) :** *enlever les mauvaises herbes, sarcler.*
13. attention à la prononciation de **tomb** [tu:m]
14. **mate** : *le second. Autres sens : camarade, compagnon.* **A school- mate :** *un condisciple.*
15. **barque** s'orthographie aussi **bark**. *Une barque :* **a rowing boat.**
16. Les **Boxers** (et non pas les boxeurs, comme on pourrait traduire) étaient des insurgés chinois, membres d'une société secrète qui, en 1900, s'en prirent aux ressortissants étrangers de Pékin et des environs.

Then he came to a cross with a name on it he knew. Good chap, Edward Mulock, but he couldn't stand his liquor, drank himself to death[1], poor devil, at twenty-five ; the taipan had known a lot of them do that ; there were several more neat crosses with a man's name on them and the age, twenty-five, twenty-six, or twenty-seven ; it was always the same story : they had come out to China ; they had never seen so much money before, they were good fellows and they wanted to drink with the rest : they couldn't stand it, and there they were in the cemetery. You had to have a strong head and a fine constitution to drink drink for drink[2] on the China coast. Of course it was very sad, but the taipan could hardly help a smile[3] when he thought how many of those young fellows he had drunk underground. And there was a death that had been useful, a fellow in his own firm, senior to him[4] and a clever chap too : if that fellow had lived he might not have been taipan now. Truly the ways of fate were inscrutable. Ah, and here was little Mrs Turner, Violet Turner, she had been a pretty little thing,[5] he had had quite an affair[6] with her ; he had been devil-ish[7] cut up when she died. He looked at her age on the tombstone. She'd be no chicken[8] if she were alive[9] now. And as he thought of all those dead people a sense of satisfaction spread[10] through him. He had beaten[11] them all. They were dead and he was alive, and by George[12] he'd scored[13] them off.

---

1. m. à m. : *il avait bu lui-même jusqu'à la mort, il s'était tué à force de boire.* **He worked himself to death** : *il s'est tué au travail.* **He smoked himself to death** : *il s'est tué à force de fumer.*
2. m. à m. : *boire, boire pour boire :* **picoler, pinter** ; expression désuète, on dirait plus volontiers aujourd'hui **to booze, to go on the booze.**
3. **he could hardly help a smile** = He could not help smiling : *il ne pouvait s'empêcher de sourire.*
4. **senior to him** : *avec plus d'ancienneté que lui.* **A senior clerk** : un employé principal. **A junior clerk** : *employé débutant, petit employé.* Il ne s'agit pas d'une question d'âge.
5. m. à m. *Elle avait été une jolie petite chose.* **Poor little thing !** *Pauvre petite !*

18

Il arriva ensuite devant une croix qui portait un nom qu'il connaissait. Un brave type, cet Édouard Mulock, mais il ne tenait pas la boisson. Il est mort alcoolique à l'âge de vingt-cinq ans. Il en avait connu un bon nombre comme lui. Il y avait encore plusieurs autres croix bien nettes qui portaient des noms d'hommes âgés de vingt-cinq, vingt-six ou vingt-sept ans. C'était toujours la même histoire : ils étaient venus en Chine ; ils n'avaient jamais vu autant d'argent auparavant. C'étaient de braves garçons qui voulaient boire avec les autres mais ils ne savaient pas tenir le coup et ils étaient maintenant au cimetière. Il fallait avoir une tête solide et une bonne constitution pour picoler et tenir le coup sur la côte chinoise. C'était bien triste naturellement, mais le taipan ne pouvait pas s'empêcher de sourire à la pensée de tous ces jeunots qu'il avait enterré après force libations. Une de ces morts lui avait été profitable, celle d'un employé de sa propre firme, plus ancien que lui et de plus très intelligent. S'il avait vécu, il ne serait peut-être pas taipan aujourd'hui. En vérité, les voies du destin sont impénétrables. Ah, la tombe de la petite Madame Turner, Violette Turner, qui était si mignonne. Il avait eu avec elle une longue liaison et quand elle est morte, il avait été bougrement affecté. Il regarda son âge sur la pierre tombale. Elle ne serait plus de première jeunesse si elle était encore de ce monde. A la pensée de tous ces morts, un sentiment de satisfaction l'envahit tout entier. Il les avait tous battus. Ils étaient morts et lui était bien vivant et sapristi ! Il était bien le champion.

---

6. **to have an affair with** : *avoir une liaison, une relation amoureuse.* **A love affair** : *une affaire de cœur.*
7. **devilish**, adjectif, est employé ici comme adverbe. **Devilishly** a le sens de *diablement, rudement, fichtrement.* **The devil** : *le diable.*
8. **She'd be no chicken** : m. à m. : *Elle ne serait pas in poussin.*
9. **to be alive = to be living.**
10. **to spread, spread, spread** : *étaler, étendre*
11. **to beat, beat, beaten** : *battre, frapper.*
12. **by George** : en réalité, forme atténuée pour **by God** : *parbleu, morbleu.*
13. **to score** : *marquer des points, compter des points.* **What's the score** ? *Quelle est la marque, le résultat ?*

His eyes collected[1] in one picture all those crowded graves and he smiled scornfully. He very nearly rubbed his hands[2].

"No one ever thought I was a fool," he muttered.

He had a feeling of good-natured contempt[3] for the gibbering dead. Then, as he strolled along, he came suddenly upon two coolies digging[4] a grave. He was astonished, for he had not heard that anyone in the community was dead.

"Who the devil's that for ?" he said aloud.

The coolies did not even look at him, they went on with their work, standing in the grave, deep down[5], and they shovelled up heavy clods of earth. Though he had been so long in China he knew no Chinese[6], in his day it was not thought necessary to learn the damned language, and he asked the coolies in English whose[7] grave they were digging. They did not understand. They answered him in Chinese and he cursed[8] them for ignorant fools. He knew that Mrs Broome's child was ailing[9] and it[10] might have died[11], but he would certainly have heard of it, and besides, that wasn't a child's grave, it was a man's and a big man's too. It was uncanny. He wished he hadn't gone into[12] that cemetery ; he hurried out and stepped into his chair. His good-humour had all gone and there was an uneasy frown[13] on his face. The moment he got back to his office he called to his number two :

"I say, Peters, who's dead, d'you know ?"

---

1. **to collect** : *rassembler, ramasser*. **To collect a cheque :** *encaisser, toucher un chèque*.
2. **he rubbed his hands :** *il se frotta les mains*. Noter l'emploi idiomatique – et systématique – des adjectifs possessifs devant les parties du corps et les vêtements à la place des articles définis.
3. **good-natured contempt** : il s'agit d'une figure de rhétorique qu'on nomme oxymoron ou union des contraires comme **my dear enemy :** *mon cher ennemi* ou **busy doing nothing :** *occupé à ne rien faire*.
4. **to dig, dug, dug** : *creuser, faire un trou*.
5. **deep down** : *tout au fond, tout en bas*.
6. **Chinese** [tʃaɪˈniːz] Les finales en **-ese** se prononcent toujours [iːz] et portent systématiquement l'accent. **Japanese** *(Japonais)*, **Siamese** *(Siamois)*, **Vietnamese** *(Vietnamien)*, etc.
7. **whose** est le pronom possessif qui correspond à **who**. Il se construit comme tous les cas possessifs : **whose car is this ?** *A qui est cette voiture ?* **It is mine :** *c'est la mienne*.

Embrassant d'un seul regard toutes ces tombes encombrées, il eut un sourire de mépris. Pour un peu, il se serait frotté les mains. – Personne ne m'a jamais pris pour un imbécile, murmura-t-il. Il éprouvait un sentiment de dédain bon enfant à l'égard de ces morts stupides. Continuant sa marche, il aperçut soudain deux coolies en train de creuser une fosse. Il en fut étonné car il n'avait pas entendu parler de décès parmi les colons.

– Pour qui diable ça peut bien être ? dit-il à voix haute. Les coolies ne le regardèrent même pas. Debout dans la fosse, ils continuaient leur travail, rejetant à la pelle de lourdes mottes de terre. Malgré son long séjour en Chine, le taipan ignorait le chinois. De son temps, on ne jugeait pas nécessaire d' apprendre cette fichue langue. Il demanda en anglais aux coolies à qui était destinée la tombe qu'ils creusaient, ils ne comprirent pas. Ils lui répondirent en chinois et il s'emporta contre ces imbéciles ignares. Il savait que le petit garçon de Madame Broome était malade ; il aurait pu mourir mais il aurait certainement appris la nouvelle. Du reste, ce n'était pas une fosse destinée à un enfant mais à un homme et, qui plus est, à un homme de grande taille. C'était à la fois étrange et inquiétant. Comme il regrettait d'être entré dans ce cimetière ! Il en ressortit en toute hâte pour monter dans sa chaise. Sa bonne humeur avait entièrement disparu et un regard soucieux se lisait sur son visage. A peine était-il de retour au bureau, qu'il interpellait son principal collaborateur. – Dites-moi, Pierre, savez-vous qui est mort ?

---

8. **to curse** : 1) *maudire* ; 2) *jurer, blasphémer.* **A curse :** *une malédiction.* **A curse on them !** : *maudits soient-ils !*
9. **to be ailing = to be ill. Ailment = illness** (qui est le mot le plus courant).
10. l'emploi de **it,** c'est-à-dire du neutre, est tout à fait possible avec **child.** Il permet d'éviter la précision du sexe.
11. **it might have died :** m. à m. : *il pourrait être mort, il aurait pu mourir.* **May,** comme tous les verbes défectifs, n'a pas de participe passé, on utilise donc les formules **may/might** + infinitif passé : **he may have come :** *il se peut qu'il soit venu ; il a pu venir.* **He might have come :** *il se pourrait qu'il soit venu ; il aurait pu venir.*
12. m. à m. : *il souhaitait qu'il n'était pas entré : il aurait souhaité ne pas être entré.* **Wish** suivi du prétérit ou du plus-que-parfait exprime le regret : **I wish I knew his name :** *je voudrais bien savoir son nom / si seulement je savais son nom.* **I wish he had called :** *si seulement il avait téléphoné.*
13. **to frown :** *froncer les sourcils.*

But Peters knew nothing. The taipan was puzzled. He called one of the native clerks and sent him to the cemetery to ask the coolies. He began to sign[1] his letters. The clerk came back and said the coolies had gone and there was no one to ask. The taipan began to feel vaguely annoyed : he did not like things to happen of which he knew nothing. His own boy would know, his boy always knew everything, and he sent for[2] him ; but the boy had heard of no death in the community.

"I knew no one was dead," said the taipan irritably. "But what's the grave for ?"

He told the boy to go to the overseer[3] of the cemetery and find out what the devil he had dug a grave for when no one was dead.

"Let me have[4] a whisky and soda before you go," he added, as the boy was leaving the room.

He did not know why the sight of the grave had made him uncomfortable. But he tried to put it out of his mind[5]. He felt better when he had drunk the whisky, and he finished his work. He went upstairs[6] and turned over the pages of Punch[7]. In a few minutes he would go to the club and play a rubber[8] or two of bridge before dinner. But it would ease his mind to hear what his boy had to say and he waited for his return. In a little while the boy came back and he brought the overseer with him.

"What are you having a grave dug for ?" he asked the overseer point-blank[9]. " Nobody's dead. "

"I no dig glave,"[10] said the man.

---

1. **Sign your name here** : *Signez ici.*
2. **to send for sbd** : *envoyer chercher qqn.* **Send for the doctor** : *qu'on aille chercher le docteur.*
3. **overseer** : *surveillant, inspecteur.* **To oversee** : *surveiller, contrôler*
4. m. à m. : *laisse-moi avoir…* **To have a drink** : *boire, prendre un verre.*
5. m. à m. : *Il essaya de sortir cela de son esprit.*
6. m. à m. : *Il monta à l'étage.* **Go upstairs** : *Montez.* **Go downstairs** : *descendez.*
7.Cet hebdomadaire satirique très renommé fut créé en 1841. Il n'existe malheureusement plus. **Punch** : *Polichinelle.* Autre sens de **punch** : *coup de poing ; force, énergie*

Mais Pierre ne savait rien. Le taipan était intrigué. Il appela un de ses commis chinois et l'envoya interroger les coolies. Puis il se mit à signer son courrier. L'employé revint et lui dit que les coolies étaient partis et qu'il n'y avait personne à qui poser la question. Le taipan commençait à éprouver une certaine contrariété : il n'aimait pas que les choses se passent à son insu. Son boy attitré serait au courant, lui qui savait tout. Il l'envoya chercher, mais le boy n'avait pas entendu parler d'un décès dans la colonie. – Je savais bien que personne n'était mort, dit le taipan d'un ton irrité. Mais pourquoi cette fosse ? Il dit au boy d'aller voir le gardien du cimetière et de découvrir pour quelle raison il avait fait creuser une tombe alors que personne n'était mort. Au moment où le boy allait quitter la pièce, il ajouta : – Apporte-moi un whisky-soda avant de partir ! Il ne savait pas pourquoi la vue de cette fosse l'avait mis mal à l'aise. Mais il s'efforça de ne plus y penser. Il se sentit mieux après avoir bu son whisky et il termina son travail. Il monta chez lui et se mit à feuilleter Punch. Il n'allait pas tarder à se rendre au club pour faire une ou deux parties de bridge avant le dîner. Mais, pour avoir l'esprit plus tranquille, il attendit le rapport de son boy. Peu de temps après, le boy revint en compagnie du gardien. – Pourquoi cette tombe ? demanda-t-il au gardien de but en blanc. Personne n'est mort. – Moi pas cleuser tombe, dit l'homme.

---

8. m. à m. : *un rob (robre) ou deux de bridge.* **Rubber** a aussi le sens de *gomme.* **To rub** : *frotter.*

9. **point-blank :** *1)* à bout portant, à brûle-pourpoint *2) de but en blanc, tout net, carrément*

10. **I no dig glave** : il s'agit d'une transcription en petit-nègre (**broken English**) de la phrase correcte : **I didn't dig any grave** ou **I dug no grave**. Les Chinois sont censés avoir des difficultés à distinguer et à reproduire les **r** et les **l** anglais, d'où le **glave** pour **grave**. **To dig, dug, dug** : *creuser, faire un trou, piocher.*

"What the devil do you mean by that ? There were two coolies digging a grave this afternoon."

The two Chinese looked at one another[1]. Then the boy said they had been to the cemetery together. There was no new grave there.

The taipan only just stopped himself from speaking.

"But damn it all, I saw it myself," were the words on the tip of his tongue.

But he did not say them. He grew[2] very red as he choked them down. The two Chinese looked at him with their steady eyes. For a moment his breath failed him[3].

"All right. Get out," he gasped.

But as soon as they were gone he shouted for the boy again, and when he came, maddeningly[4] impassive, he told him to bring some whisky. He rubbed his sweating[5] face with a handkerchief. His hand trembled when he lifted the glass to his lips. They could say what they liked, but he had seen the grave. Why, he could hear still the dull thud as the coolies threw the spadefuls[6] of earth on the ground above them. What did it mean ? He could feel his heart beating. He felt strangely ill at ease[7]. But he pulled himself together[8]. It was all nonsense. If there was no grave there it must have been[9] a hallucination. The best thing he could do was to go to the club, and if he ran across the doctor he would ask him to give him a look-over[10].

Everyone in the club looked just the same as ever. He did not know why he should have expected them to look different[11].

---

1. **They looked at one another** : they looked at each other : *ils se regardèrent*. **One another** et **each other** sont des pronoms réciproques. Ils sont depuis longtemps interchangeables bien que **one another** soit d'un emploi plus fréquent lorsqu'il est question de plus de deux personnes. Mais **they looked at themselves in the mirror** : ils se *regardèrent dans la glace*. Il s'agit ici d'un pronom réfléchi.

2. **to grow** + adjectif : *devenir* + adjectif ou verbe correspondant : **to grow pale** : *devenir tout pâle ou pâlir*. To **grow old** : *devenir vieux, vieillir*. **To grow, grew, grown**.

3. m. à m. : *son souffle (sa respiration) lui manqua*. **To breathe** : *respirer, souffler*. **To be out of breath** : *être essoufflé, être à bout de souffle, être hors d'haleine*. **Breathe in / breathe out** : *inspirez / expirez*.

4. **to madden** : *rendre fou, faire enrager, exaspérer*. **A maddening noise** : *un bruit à rendre fou*.

– Qu'est-ce-que vous me racontez là ? Cet après-midi, il y avait deux coolies qui creusaient une tombe. Les deux Chinois se regardèrent. Le boy dit alors qu'ils s'étaient rendus tous les deux au cimetière et qu'il n'y avait pas de nouvelle fosse. Le taipan était sur le point de s'écrier :

Mais nom de Dieu, je l'ai vu de mes propres yeux, voilà les mots qu'il avait sur le bout de la langue.

Mais il ne les prononça pas. Il devint tout rouge en les étouffant dans sa gorge. Les deux Chinois le regardaient fixement. Pendant quelques instants la respiration lui manqua.

– C'est bon, filez, dit-il d'une voix haletante.

A peine étaient-ils sortis qu'il rappela le boy à grands cris et quand ce dernier revint, exaspérant d'impassivité, il lui demanda de lui apporter un whisky. Il épongea son visage ruisselant de sueur avec un mouchoir. En portant son verre à ses lèvres, sa main trembla. Ils avaient beau dire, il avait vu la fosse. Franchement, il entendait encore le bruit sourd des pelletées de terre rejetées par les coolies. Qu'est-ce que cela voulait dire ? Il sentait son cœur battre et un étrange malaise l'envahir. Mais il se ressaisit. Tout cela ne tenait pas debout. S'il n'y avait pas de tombe, il avait eu une hallucination. Le mieux pour lui était d'aller au club et s'il rencontrait le docteur, il lui demanderait de l'examiner. Au club, ils avaient tous leur air habituel. Il ne savait pas pourquoi il s'attendait à les trouver différents.

---

5. **to sweat** : *suer, transpirer*. Attention à la prononciation [swet]
6. En fait **a spade** : *une bêche*. **To call a spade a spade** : *appeler un chat un chat*. Autre sens : *pique* (aux cartes). Noter l'utilisation du suffixe **-ful** dans **armfu**l : *une brassée*, **handful** : *une poignée*, etc.
7. m. à m. : *il se sentait étrangement mal à l'aise.*
8. **to pull oneself together** : *se reprendre, reprendre ses esprits, se ressaisir.*
9. m. à m. : *cela devait avoir été : cela avait dû être une hallucination.*
10. **to give sbd. or sth. a look-over** = **to look over** = **to examine** : *examiner.*
11. m. à m. : *il aurait dû s'attendre à ce qu'ils fussent différents.*

It was a comfort. These men, living for many years with one another lives that were methodically regulated, had acquired a number of little idiosyncrasies[1] — one of them hummed[2] incessantly while he played bridge, another insisted on drinking beer through a straw — and these tricks[3] which had so often irritated the taipan now gave him a sense of security. He needed it, for he could not get out of his head that strange sight he had seen ; he played bridge very badly ; his partner was censorious[4], and the taipan lost his temper[5]. He thought the men were looking at him oddly. He wondered what they saw in him that was unaccustomed.

Suddenly he felt he could not bear[6] to stay in the club any longer. As he went out he saw the doctor reading *The Times* in the reading-room[7], but he could not bring himself to speak to him. He wanted to see for himself whether that grave was really there, and stepping into his chair he told his bearers[8] to take him to the cemetery. You couldn't have a hallucination twice[9], could you ? And besides, he would take the overseer in with him and if the grave was not there he wouldn't see it, and if it was he'd give the overseer the soundest thrashing he'd ever had. But the overseer was nowhere to be found[10]. He had gone out and taken the keys with him. When the taipan found he could not get into the cemetery he felt suddenly exhausted. He got back into his chair and told his bearers to take him home. He would lie[11] down for half an hour before dinner. He was tired out. That was it. He had heard that people had hallucinations when they were tired[12].

---

1. **an idiosyncrasy :** *une particularité, une manie, une habitude (propre à qqn.)*
2. **to hum** a aussi le sens de *bourdonner.* **A humming bird :** *un oiseau-mouche, un colibri.*
3. **trick.** Le sens le plus courant est *tour, ruse, artifice.* **A card trick :** *un tour de carte.*
4. **censorious :** *sévère, porté à la censure, à la critique.*
5. **to lose one's temper :** *perdre son sang-froid, se mettre en colère.* **He was in a bad temper :** *il était de mauvaise humeur.*
6. **I can't bear him = I can't stand him :** *je ne peux pas le souffrir, le supporter.* **To bear, bore, borne.**
7. **reading-room :** *salle de lecture.* **Library :** *bibliothèque. Librairie :* **bookshop.**

Cela le soulagea. Ces hommes, à force de vivre ensemble des vies qui étaient parfaitement réglées, avaient acquis un certain nombre de petites manies – l'un d'eux fredonnait sans arrêt en jouant au bridge, un autre tenait absolument à boire sa bière avec une paille. Ces tics, qui avaient si souvent agacé le taipan, le rassuraient maintenant. Il en avait bien besoin car il ne pouvait pas chasser de son esprit l'étrange spectacle de cet après-midi. Il joua très mal au bridge et s'emporta contre son partenaire qui le critiquait. Il avait l'impression que tout le monde le regardait bizarrement. Il se demanda ce qu'on pouvait bien lui trouver d'inhabituel.

Il sentit soudain qu'il ne pouvait plus supporter l'ambiance du club. En sortant, il aperçut le docteur qui lisait *Le Times* dans la salle de lecture, mais il ne put se résoudre à lui adresser la parole. Il voulait en avoir le cœur net sur l'existence de cette tombe. Il monta dans sa chaise et dit aux porteurs de le conduire au cimetière. On ne peut pas avoir deux fois la même hallucination, n'est-ce-pas ? D'ailleurs, il emmènerait le gardien avec lui et si la tombe n'existait pas il verrait bien et dans le cas contraire, il flanquerait au gardien la plus belle raclée de sa vie. Mais le gardien demeura introuvable. Il était parti en emportant les clés. Quand le taipan comprit qu'il ne pourrait pas pénétrer dans le cimetière, il se sentit soudain épuisé. Il remonta dans sa chaise et dit à ses porteurs de le ramener à la maison. Il s'étendrait une demi-heure avant le dîner. Il était exténué. C'était ça l'explication. Il avait entendu dire que la fatigue est la cause des hallucinations.

---

8. **bearer** : porteur. Autre sens de **bearer** : *porteur* (d'un chèque) **A bearer cheque** : *un chèque au porteur. Un porteur* (à la gare) : **a porter.**
9. **twice** : *deux fois.* **Once** : *une fois.* **Thrice** : *trois fois* (plutôt littéraire et/ou archaïque), au-delà on utilise **times : five times** : *cinq fois.*
10. m. à m. : *était nulle part à être trouvé.* **The dog was nowhere to be found / to be seen** : le chien était *introuvable/invisible.*
11. **to lie, lay, lain** : *être étendu, être couché. gésir.*
12. **to be tired out = to be be exhausted** : = **to be dead tired** : *être exténué, éreinté, épuisé.*

When his boy came in to put out his clothes for dinner it was only by an effort of will that he got up. He had a strong inclination not to dress[1] that evening, but he resisted it : he made it a rule to dress, he had dressed every evening for twenty years and it would never do to break[2] his rule. But he ordered a bottle of champagne with his dinner and that made him feel more comfortable. Afterwards he told the boy to bring him the best brandy. When he had drunk a couple of glasses of this he felt himself again, Hallucinations be damned ! He went to the billiard-room[3] and practised[4] a few difficult shots. There could not be much the matter with him when his eye was so sure. When he went to bed[5] he sank[6] immediately into a sound sleep[7].

But suddenly he awoke[8]. He had dreamed[9] of that open grave and the coolies digging leisurely[10]. He was sure he had seen them. It was absurd to say it was a hallucination when he had seen them with his own eyes. Then he heard the rattle of the night-watchman going his rounds. It broke upon the stillness of the night so harshly that it made him jump out of his skin[11]. And then terror seized him. He felt a horror of the winding multitudinous streets of the Chinese city, and there was something ghastly[12] and terrible in the convoluted roofs of the temples with their devils grimacing and tortured. He loathed the smells that assaulted his nostrils. And the people. Those myriads of blue-clad[13] coolies, and the beggars in their filthy rags, and the merchants and the magistrates, sleek[14], smiling, and inscrutable, in their long black gowns.

---

1. **to dress** : *1) s'habiller, mettre des habits, se vêtir ; 2) se mettre en habit, en smoking.*
2. **to break, broke, broken** : *casser, briser, rompre.*
3. **to play billiards** : *jouer au billard.*
4. **to practise** : *pratiquer, s'entraîner, s'exercer. Entraînement :* **practice. He's got a lot of practice** : *il est bien entraîné.* **To be out of practice** : *manquer d'entraînement, être rouillé.* **Practice makes perfect** : *c'est en forgeant qu'on devient forgeron.*
5. **to go to bed** : *se coucher.* **To go to sleep** : *s'endormir.*
6. **to sink, sank, sunk** : *couler, sombrer.*
7. m. à m. : *il sombra immédiatement dans un profond sommeil.*
8. **to awake, awoke, awoke** ou **awaked = to wake up** : *s'éveiller, se réveiller.*

Quand son boy arriva pour sortir l'habit qu'il mettrait pour dîner, il ne put se lever que par un effort volontaire. Ce soir-là, il avait grande envie de ne pas s'habiller, mais il résista à la tentation : il s'était fait une règle de se mettre en habit, il se mettait en habit tous les soirs depuis vingt ans et enfreindre sa propre règle serait inadmissible. Il commanda une bouteille de champagne pour le dîner et cela lui redonna de l'assurance. Ensuite, il demanda au boy de lui apporter son meilleur cognac. Après en avoir bu deux verres, il se sentit tout à fait rétabli. Au diable les hallucinations ! Il passa dans la salle de billard et pratiqua quelques coups difficiles. Il ne devait pas avoir grand-chose avec un œil aussi sûr. Quand il se coucha, il s'endormit aussitôt d'un profond sommeil.

Mais il se réveilla en sursaut. Il avait vu en rêve la fosse ouverte et les deux coolies qui creusaient tranquillement. Il était sûr de les avoir vus. Dire que les avoir vus était une hallucination était absurde alors qu'il les avait vus de ses propres yeux. Puis il entendit la crécelle du veilleur de nuit qui faisait sa ronde. Son crépitement brisa le silence de la nuit avec une telle sécheresse qu'il sursauta. Il fut pris de terreur. Les innombrables rues sinueuses de la ville chinoise l'horrifiaient et les toits enchevêtrés des pagodes aux gargouilles grimaçantes et tourmentées avaient quelque chose d'effroyable et de terrifiant. Il détestait les odeurs qui offensaient ses narines. Et la population : ces innombrables coolies vêtus de bleu, ces mendiants en haillons crasseux, ces marchands et ces magistrats en longues robes noires, aux manières doucereuses et aux sourires impénétrables.

---

9. **to dream, dreamt, dreamt**. To dream est souvent maintenant conjugué en verbe régulier.
10. **leisurely = without hurry, without haste** : *sans précipitation, sans hâte.*
11. m. à m. : *cela le fit sauter hors de sa peau.* **The skin :** *la peau, l'épiderme.*
12. **ghastly** : *horrible, affreux, effrayant*
13. **clad** est le participe passé archaïque de **to clothe**. Il s'emploie, souvent en composition, comme adjectif au sens de *vêtu, d'habillé.*
14. **sleek** : autre sens, plus courant : *lisse, luisant.*

They seemed to press upon him with menace. He hated the country. China. Why had he ever come ? He was panic-stricken[1] now. He must get out. He would not stay another year, another month. What did he care about Shanghai ?

"Oh, my God," he cried, "if I were[2] only safely back in England."

He wanted to go home. If he had to die he wanted to die in England. He could not bear[3] to be buried among all these yellow men, with their slanting[4] eyes and their grinning[5] faces. He wanted to be buried at home, not in that grave he had seen that day. He could never rest[6] there. Never. What did it matter what people thought ? Let them think[7] what they liked. The only thing that mattered[8] was to get away while he had the chance[9].

He got out of bed and wrote to the head of the firm[10] and said he had discovered he was dangerously ill. He must[11] be replaced. He could not stay longer than was absolutely necessary. He must go home at once.

They found the letter in the morning clenched[12] in the taipan's hand. He had slipped down between the desk and the chair. He was stone[13] dead.

---

1. **panic-stricken** : *frappé de panique*. **Stricken** est un adjectif, aujourd'hui pratiquement toujours en composition ; c'est une variante de **struck**. Le verbe a les formes actuelles : **to strike, struck, struck. Conscience-stricken** : *bourrelé de remords*. **Well-stricken in years** : *d'un âge avancé*.
2. **were** est le subjonctif de to be. Il s'emploie pour exprimer l'irréel en style soutenu ou dans des formes figées **(as it were** : *pour ainsi dire*) ; on pourrait dire aussi **if I was. If I were rich = if I was rich** : *si j'étais riche*.
3. **To bear, bore, borne** : *porter, supporter, endurer*. **I can't bear him** : *Je ne peux pas le supporter, le souffrir*.
4. **slanting** : *incliné, en pente, oblique, en biais*.
5. **to grin** : *ricaner, grimacer*.
6. **to rest** : *se reposer*. *Rester :* **to remain, to stay**.
7. **let** + pronom personnel complément + infinitif sans **to** constitue l'impératif aux premières et troisièmes personnes :

Ils semblaient s'avancer vers lui, menaçants. Il haïssait la Chine. Pourquoi donc y était-il venu ? Maintenant, pris de panique, il lui fallait absolument partir. Il ne resterait pas un an de plus, pas même un mois. Ça lui était bien égal d'aller à Shangai !

– Oh, mon Dieu ! s'écria-t-il. Si seulement j'étais de retour en Angleterre, sain et sauf.

Il voulait rentrer au pays. S'il devait mourir, il voulait que ce fut en Angleterre. Il ne pouvait pas se faire à l'idée d'être enterré au milieu de tous ces jaunes aux regards fuyants et aux visages ricanants. Il voulait être enterré dans son pays et non pas dans la fosse qu'il avait vue la veille. Il n'y trouverait jamais le repos. Au grand jamais ! Les gens penseraient ce qu'ils voudraient, cela n'avait aucune importance. La seule chose qui comptait, c'était de partir pendant qu'il en était encore temps.

Il se leva pour écrire au président de sa compagnie et lui dire qu'il avait découvert qu'il était gravement malade. Il lui fallait un remplaçant. Il ne pourrait attendre que le temps strictement nécessaire. Il lui fallait d'urgence rentrer en Angleterre.

On trouva cette lettre le lendemain matin dans la main serrée du taipan. Il avait glissé de son fauteuil et gisait, raide mort, derrière son bureau.

Let me die : *Que je meure / Laissez-moi mourir* ; **let's /let us go** : *allons, partons* ; **let them work** : *qu'ils/elles travaillent / laissez-les travailler.*
8. **What matters** : *ce qui compte.* **It doesn't matter** : *cela n'a pas d'importance.*
9. m. à m. : *pendant qu'il en avait la chance.* **By chance** : *par hasard.*
10. **the head of the firm** : *le dirigeant, le chef d'entreprise.*
11. **must** a ici une valeur de passé.
12. **to clench** : *serrer (les dents, les poings)*
13. **stone** (*pierre*) entre dans de nombreuses compositions courantes telles que : **stone-blind** : *complètement aveugle* ; **stone-cold** : *tout froid* ; **stone-dead** : *raide mort* ; **stone-deaf** : *sourd comme un pot* ; etc.

The Happy Man

Un homme heureux

It is a dangerous thing to order the lives of others and I have often wondered at the self-confidence[1] of politicians, reformers and suchlike[2] who are prepared to force upon their fellows[3] measures that must alter their manners, habits, and points of view. I have always hesitated to give advice[4], for how can one advise another how to act unless one knows that other as well as one knows oneself ? Heaven knows, I know little enough of myself : I know nothing of others. We can only guess at the thoughts and emotions of our neighbours[5].Each one of us is a prisoner in a solitary tower and he communicates with the other prisoners, who form mankind, by conventional signs that have not quite the same meaning for them as for himself. And life, unfortunately, is something that you can lead[6] but once[7] ; mistakes are often irreparable, and who am I that I should tell this one and that how he should lead it ? Life is a difficult business and I have found it hard enough to make my own a complete and rounded thing[8] ; I have not been tempted to teach my neighbour what he should do with his. But there are men who flounder at the journey's start[9], the way before them is confused and hazardous[10], and on occasion, however unwillingly[11], I have been forced to point the finger of fate[12]. Sometimes men have said to me[13], what shall I do[14] with my life ? and I have seen myself for a moment wrapped[15] in the dark cloak of Destiny.

Once I know that I advised well.

---

1. **self-confidence** : *confiance en soi, aplomb.*
2. **suchlike** : *autres gens de la sorte, de cette espèce, du même acabit.*
3. **fellow** : *semblable, pareil* (comme substantif) **A school fellow** : *un camarade de classe*
4. **advice** est un nom collectif qui n'a pas de pluriel et qui est toujours suivi d'un verbe au singulier avec le sens de *conseil* ou *conseils*. *Un conseil* peut être traduit par **a piece of advice**, mais plus couramment par **some advice. To advise** : *conseiller*. **An adviser** : *un conseiller.*
5. **neighbour :** *voisin* (la traduction la plus courante). **My next-door neighbour :** *mon voisin de palier*. **Love thy neighbour as thyself :** *aime ton prochain comme toi-même.*
6. **to lead, led, led :** *mener, diriger, conduire* (un projet, etc.). Attention au substantif **lead** : *le plomb*, prononcé [led].

34

C'est une entreprise périlleuse que de régler la vie des autres et je me suis souvent étonné de l'assurance des politiciens, des réformateurs et des gens du même acabit, qui sont prêts à imposer à leurs semblables des mesures qui vont modifier leurs coutumes, leurs habitudes et leurs opinions. J'ai toujours hésité à donner des conseils, car, comment peut-on conseiller quelqu'un sur sa façon d'agir si on ne le connaît pas aussi bien que l'on se connaît soi-même ? Et Dieu sait que je me connais bien mal et que j'ignore tout des autres. Nous ne pouvons que deviner les pensées et les émotions de notre prochain. Chacun de nous est prisonnier dans une tour solitaire et nous communiquons avec les autres prisonniers qui constituent l'humanité par des signes conventionnels qui n'ont pas pour eux tout à fait la même signification que pour nous. Et comme, malheureusement, on ne vit qu'une fois, les erreurs sont souvent irréparables ; à quel titre dirais-je à tel ou tel comment mener sa vie ? La vie est une entreprise difficile et j'ai eu suffisamment de peine pour réussir la mienne ; je n'ai pas été tenté d'enseigner à autrui la façon de diriger la sienne. Mais il y a des hommes qui prennent un mauvais départ ; le chemin qui s'ouvre devant eux est incertain et dangereux et à l'occasion, bien malgré moi, j'ai dû leur indiquer la voie de leur destin. Parfois certains m'ont demandé ce qu'ils devaient faire de leur vie et, pendant un instant, je me suis vu drapé dans le manteau noir du Destin. Je sais qu'une fois j'ai été bon conseiller.

---

7. m. à m. : *qu'une fois...* **But**, ici, a un sens privatif : *ne... que : only.*
8. m. à m. : *pour faire de la mienne une chose complète et achevée.*
9. m. à m. : *il y a des hommes qui trébuchent / commettent une erreur, au début du voyage*
10. **hazardous** est un faux ami = **dangerous. The hazards of smoking :** *les dangers du tabac.*
11. **unwillingly :** *à contrecœur, à regret* ; **willingly :** *volontiers, de bon gré.*
12. **fate :** *destin, destinée, sort, fatalité.*
13. m. à m. : *des hommes m'ont dit.*
14. m. à m : *que ferai-je, que dois-je faire*
15. **wrapped** : attention à la prononciation [ræpt], le **w** est muet.

I was a young man and I lived in a modest apartment[1] in London near Victoria Station. Late one afternoon[2], when I was beginning to think that I had worked enough for that day, I heard a ring at the bell[3]. I opened the door to a total stranger[4]. He asked me my name ; I told him. He asked if he might come in.

"Certainly."

I led him into my sitting-room and begged him to sit down. He seemed a trifle[5] embarrassed. I offered him a cigarette and he had some difficulty in lighting it without letting go of his hat. When he had satisfactorily achieved[6] this feat I asked him if I should not put it on a chair for him. He quickly did this and while doing it dropped his umbrella.

"I hope you don't mind my coming to see you like this[7]," he said. "My name is[8] Stephens and I am a[9] doctor. You're in the medical[10], I believe ?"

"Yes, but I don't practise. "

"No, I know. I've just read a book of yours[11] about Spain and I wanted to ask you about it."

"It's not a very good book, I'm afraid."

"The fact remains that[12] you know something about Spain and there's no one else I know who does. And I thought perhaps you wouldn't mind giving me some information[13]."

"I shall be very glad."

He was silent for a moment. He reached out for his hat and holding it in one hand absent-mindedly stroked it with the other. I surmised that it gave him confidence.

---

1. **apartment** = flat.
2. m. à m. : ...*tard, un après-midi.*
3. **to ring the bell** : *sonner.* **A bell** : *une cloche, une sonnette.*
4. **a stranger** : *un inconnu, un étranger.* **A foreigner** : *un étranger (qqn. qui vient d'un autre pays).*
5. **a trifle** : *un peu, quelque peu.*
6. **achieve** est un faux ami qui veut dire : *réussir, accomplir. Achever* sera le plus souvent traduit par **to complete.**
7. m. à m. : *venir vous voir de cette façon.*
8. **my name is**. : *je m'appelle...* **What's your name ?** *Comment vous appelez-vous ?*

J'étais jeune et j'habitais à Londres dans un modeste appartement près de la gare Victoria. Une fin d'après-midi, alors que je commençais à penser que j'avais assez travaillé pour la journée, j'entendis sonner. J'ouvris la porte à un parfait inconnu. Il me demanda mon nom ; je le lui dis. Il me demanda s'il pouvait entrer.

– Mais certainement.

Je le fis entrer au salon et le priai de s'asseoir. Il avait l'air un peu embarrassé. Je lui offris une cigarette et il eut quelque peine à l'allumer sans lâcher son chapeau. Lorsqu'il eut accompli cet exploit, je lui demandai si je ne pouvais pas poser son chapeau sur une chaise ; ce qu'il s'empressa de faire tout en faisant tomber son parapluie.

– J'espère que vous ne m'en voulez pas de venir vous voir à l'improviste, dit-il. Je m'appelle Stephens et je suis médecin. Je crois que, vous aussi, êtes de la partie.

– C'est exact mais je n'exerce pas.

– Oui, je sais. Je viens de lire un livre que vous avez écrit sur l'Espagne et je voulais vous en parler.

– Je crains que ce ne soit pas un très bon livre.

– Il n'en reste pas moins que vous connaissez l'Espagne comme personne d'autre autour de moi. Et je pensais que vous ne verriez peut-être pas d'inconvénient à me renseigner.

– J'en serai très heureux.

Il resta un moment silencieux. Il attrapa son chapeau et le tenant d'une main se mit à le lustrer distraitement de l'autre. Je supposai que cela lui donnait de l'assurance.

---

9. Attention à l'emploi obligatoire de l'article indéfini **a** dans : **I am a doctor :** *je suis médecin.*

10. m. à m. : *vous êtes dans la médicale (profession).*

11. **a book of yours = one of your books**. Il est préférable d'employer le pronom possessif postposé.

12. m. à m. : *le fait reste que.*

13. **information** : nom collectif invariable avec le sens de *renseignements*. Pour traduire *un renseignement* on peut avoir recours à la forme un peu vieillotte de **a piece of information** ou mieux, à l'expression **some information.**

"I hope you won't think it very odd for a perfect stranger to talk to you like this." He gave an apologetic laugh[1]. "I'm not going to tell you the story of my life."

When people say this to me I always know that it is precisely what they are going to do. I do not mind[2]. In fact I rather like it.

"I was brought up[3] by two old aunts[4]. I've never been anywhere. I've never done anything. I've been married for six years. I have no children. I'm a medical officer[5] at the Camberwell Infirmary[6]. I can't stick it any more[7]."

There was something very striking in the short, sharp sentences he used. They had a forcible ring. I had not given him more than a cursory glance, but now I looked at him with curiosity. He was a little man, thick-set and stout, of thirty perhaps, with a round red face from which shone[8] small, dark and very bright eyes. His black hair was cropped close to a bullet-shaped head[9]. He was dressed in a blue suit a good deal the worse for wear[10]. It was baggy at the knees and the pockets bulged untidily.

"You know what the duties are of a medical officer in an infirmary. One day is pretty much like another[11]. And that's all I've got to look forward to for the rest of my life. Do you think it's worth it ?[12]"

"It's a means[13] of livelihood," I answered.

"Yes, I know. The money's pretty good."

"I don't exactly know why you've come to me."

"Well, I wanted to know whether you thought there would be any chance for an English doctor in Spain ?"

"Why Spain ?"

---

1. m. à m. : *il émit un rire d'excuse.*
2. **I don't mind** : *cela m'est égal ; cela ne me fait rien, je m'en fiche.*
3. **to bring, brought, brought. A well brought-up child** : *un enfant bien élevé.*
4. Attention à la prononciation de **aunt** [a:nt].
5. Il s'agit ici d'un médecin civil, *chef de service* dans un hôpital et non pas d'un *médecin militaire* qui se traduirait aussi par **medical officer.**
6. **infirmary** : *infirmerie* mais a aussi souvent le sens d' *hôpital.*
7. **I can't stick it any more** : plus couramment aujourd'hui **I can't stand / I can't bear it any more. To stick, stuck, stuck.**

– J'ose espérer que vous ne trouvez rien de bizarre à ce qu'un parfait étranger vous parle de la sorte. Il se mit à rire comme pour s'excuser. – Je ne vais pas vous raconter ma vie. Lorsqu'on me parle ainsi, je sais toujours que c'est précisément ce que les gens vont faire. Cela ne me gêne pas. En fait, j'aime bien ça.

– J'ai été élevé par deux vieilles tantes. Je n'ai jamais voyagé. Je n'ai pas la moindre expérience. Je suis marié depuis six ans et je n'ai pas d'enfant. Je suis chef de service à l'hôpital de Camberwell. J'en ai par dessus la tête.

Il y avait quelque chose de très remarquable dans ses phrases courtes et incisives. Elles donnaient une impression d'énergie. Je ne lui avais jusqu'ici accordé qu'un coup d'œil rapide mais à présent, je le regardai avec curiosité. Il était petit, trapu et corpulent ; il avait peut-être dans les trente ans, il avait un visage rond et rougeaud duquel brillaient de petits yeux noirs et très vifs. Ses cheveux noirs étaient coupés courts sur une tête allongée. Il portait un costume bleu, très usagé. Son pantalon était déformé aux genoux et ses poches étaient bourrées d'une façon peu soigneuse.

– Vous connaissez les obligations d'un chef de service à l'hôpital. Les jours se suivent et se ressemblent. Et c'est tout ce que je peux espérer jusqu'à la fin de ma vie. Croyez-vous que cela en vaille la peine ?

– C'est une façon de gagner sa vie, répondis-je.

– Oui, je sais. On gagne assez bien sa vie.

– Je ne sais pas très bien pourquoi vous êtes venu me voir.

– Eh bien voilà, je voulais savoir si à votre avis un médecin anglais pouvait réussir en Espagne.

– Pourquoi l'Espagne ?

---

8. **to shine, shone, shone** : *briller*
9. m. à m : *en forme de balle de fusil, en forme d'ogive.*
10. m. à m. : *pire par le port, pire du fait d'avoir été porté.* **To wear, wore, worn** : 1) *porter (vêtement)* ; 2) *user*
11. m. à m. : *un jour ressemble beaucoup à un autre.*
12. **to be worth** : *valoir, valoir la peine, mériter.* **This novel is worth reading** : *ce roman mérite d'être lu.*
13. Attention à **means**. La marque **s** n'indique pas un pluriel. **A means of transport** : *un moyen de transport.*

"I don't know, I just have a fancy for[1] it."

"It's not like *Carmen*, you know."

"But there's sunshine[2] there, and there's good wine, and there's colour, and there's air you can breathe. Let me say what I have to say straight out[3]. I heard by accident[4] that there was no English doctor in Seville. Do you think I could earn a living[5] there ? Is it madness to give up a good safe[6] job for an uncertainty ?"

"What does your wife think about it ?"

"She's willing[7]."

"It's a great risk."

"I know. But if you say take it, I will : if you say stay where you are, I'll stay."

He was looking at me intently with those bright dark eyes of his and I knew that he meant what he said[8]. I reflected for a moment.

"Your whole future is concerned : you must decide for yourself. But this I can tell you : if you don't want money but are content to earn just enough to keep body and soul together[9], then go. For you will lead[10] a wonderful life."

He left[11] me, I thought[12] about him for a day or two, and then forgot[13]. The episode passed completely from my memory[14].

Many years later, fifteen at least, I happened to be in Seville and having some trifling indisposition asked the hotel porter[15] whether there was an English doctor in the town. He said there was and gave me the address[16].

---

1. **to have a fancy for** : *avoir envie de*. **To take a fancy to sbd** : *se sentir attiré vers qqn.*
2. littéralement : *il y a du soleil.* **Sunshine** : *l'éclat du soleil.* **The sun is shining** : *le soleil brille.*
3. **straight out** : *sans détour, carrément, franchement.*
4. **by accident = unexpectedly** : *accidentellement, par hasard.*
5. **to earn a living = to earn one's living = to make a living** : *gagner sa vie.*
6. **safe** : *sûr, sans danger.* **Safe and sound** : *sain et sauf.*
7. **to be willing** : *vouloir bien, être disposé à, être prêt à.*
8. m. à m. : *...qu'il pensait ce qu'il disait.* **I mean what I say** : *je parle sérieusement.* **Do you really mean what you say ?** : *Pensez-vous vraiment ce que vous dites ?* **To mean** : *signifier, vouloir dire.*

– Je ne sais pas. C'est un pays qui m'attire, voilà tout. – Ce n'est pas comme dans *Carmen*, vous savez.

– Mais là-bas il y a le soleil, le bon vin, la couleur et de l'air respirable. Laissez-moi vous dire ce que j'ai à dire franchement. J'ai appris par hasard qu'il n'y avait pas de médecin anglais à Séville. Pensez-vous que je pourrais y gagner ma vie ? Est-ce de la folie de renoncer à un poste stable pour une situation incertaine ?

– Qu'en pense votre femme ?

– Elle est d'accord.

– C'est un gros risque.

– Je sais. Mais si vous me dites de le prendre, je le prendrai. Si vous me dites de rester ici, je resterai.

Il me regardait fixement de ses yeux noirs et brillants et je savais qu'il parlait sérieusement. Je réfléchis quelques instants.

– C'est tout votre avenir qui en dépend. C'est à vous de décider. Mais je peux vous dire une chose : si vous ne recherchez pas l'argent et si vous vous contentez du strict minimum pour subsister, alors partez. Car vous aurez une vie merveilleuse.

Il prit congé. Je pensai à lui pendant un jour ou deux et puis je l'oubliai. Cet épisode s'effaça complètement de ma mémoire.

Plusieurs années plus tard, quinze au moins, je me trouvai par hasard à Séville et, comme je souffrai d'une légère indisposition, je demandai au concierge de l'hôtel s'il y avait en ville un médecin anglais. Il me répondit par l'affirmative et me donna son adresse.

---

9. m. à m. : *pour garder corps et âme ensemble.* **To keep body and soul together :** *se maintenir en vie, subsister, vivoter.*
10. **to lead, led, led :** *conduire, mener.*
11. **to leave, left, left :** *laisser, quitter*
12. **to think, thought, thought. A thought :** *une pensée.*
13. **to forget, forgot, forgotten :** *oublier.*
14. **memory** : *mémoire* mais aussi *souvenir.*
15. **porter** : le sens le plus courant du mot est évidemment *porteur.*
16. attention à l'orthographe d'**address** : *adresse.* **Addressee** : *le destinataire.*

I took a cab[1] and as I drove[2] up to the house a little fat man came out of it. He hesitated when he caught[3] sight of me.

"Have you come to see me ?[4]" he said. "I'm the English doctor."

I explained my errand[5] and he asked me to come in. He lived in an ordinary Spanish house, with a patio, and his consulting room[6] which led out of it was littered[7] with papers, books, medical appliances, and lumber[8]. The sight of it would have startled a squeamish patient. We did our business[9] and then I asked the doctor what his fee was[10]. He shook[11] his head and smiled.

"There's no fee."

"Why on earth not ?"

"Don't you remember me ? Why, I'm here because of something you said to me. You changed my whole life for me. I'm Stephens."

I had not the least[12] notion what he was talking about. He reminded[13] me of our interview, he repeated to me what we had said, and gradually, out of the night, a dim[14] recollection[15] of the incident came back to me.

"I was wondering if I'd ever see you again," he said, "I was wondering if ever I'd have a chance of thanking you for all you've done for me."

"It's been a success then ?"

I looked at him. He was very fat now and bald, but his eyes twinkled[16] gaily and his fleshy, red face bore[17] an expression of perfect good-humour.

---

1. a cab = a taxi.
2. to drive, drove, driven : *conduire une voiture.*
3. to catch, caught, caught : *attraper.*
4. m. à m. *étiez-vous venu pour me voir ?*
5. my errand = the purpose *(but, objet)* of my visit : *le but, l'objet de ma visite.*
6. consulting room : *cabinet d'un médecin.* Le mot office, en dehors de son sens courant de *bureau,* peut aussi s'employer pour désigner *le cabinet du médecin.*
7. litter : 1) *fouillis, désordre* 2) *détritus, ordures, immondices.*
8. Le sens le plus fréquent de lumber est *bois de charpente.*
9. m. à m. : *nous fîmes ce que nous avions à faire.*

Je pris un taxi et, comme nous arrivions devant la maison, un homme petit et gros en sortit. Il hésita en m'apercevant.

– Vous veniez me voir ? dit-il. Je suis le médecin anglais.

Je lui expliquais l'objet de ma visite et il me demanda d'entrer. Il habitait une maison espagnole ordinaire, avec un patio sur lequel donnait son cabinet encombré de papiers, de livres, d'instruments médicaux et de tout un fatras. Devant un tel spectacle, un patient délicat en aurait tressailli. La consultation terminée, je lui demandai combien je lui devais. Il secoua la tête en souriant.

– Il n'y a rien à payer.

– Mais pourquoi donc ?

– Vous ne vous souvenez pas de moi, Eh bien, je suis ici à cause de ce que vous m'avez dit. Vous avez transformé ma vie. Je m'appelle Stephens.

– Je n'avais pas la moindre idée de ce dont il parlait. Il me rappela notre entretien, il me répéta ce que nous avions dit et, progressivement, un vague souvenir surgissant de la nuit me revint en mémoire.

– Je me demandais si je vous reverrais un jour, dit-il. Je me demandais si j'aurais l'occasion de vous remercier de tout ce que vous avez fait pour moi.

– Vous avez donc réussi ?

Je le regardai. A présent il était très gros et chauve, mais ses yeux pétillaient de gaîté et son visage rougeaud et joufflu arborait l'expression d'une parfaite bonhommie.

---

10. m. à m. : ...*à combien se montaient ses honoraires.* **Fee** ou **fees :** *honoraires* pour les membres des professions libérales, etc. **School / tuition fees :** *droits / frais de scolarité.*
11. **to shake, shook, shaken :** *secouer, ébranler.*
12. **least :** superlatif de *little : le plus petit, le moindre.*
13. **to remind sbd. of sth :** rappeler qqchose à qqn.
14. **dim** : *faible, vague.* **A dim light** : *une faible lueur.* **A dim recollection** : *un vague souvenir.*
15. **recollection = memory :** *souvenir.*
16. **to twinkle :** *briller, étinceler, scintiller.*
17. **to bear, bore, borne :** *porter, supporter.*

The clothes he wore[1], terribly shabby they were[2], had been made obviously by a Spanish tailor and his hat was the wide-brimmed[3] sombrero of the Spaniard[4]. He looked to me as though he knew a good bottle of wine when he saw it[5]. He had a dissipated, though entirely sympathetic[6], appearance. You might have hesitated to let him remove your appendix[7], but you could not have imagined a more delightful creature to drink a glass of wine with.

"Surely you were married ?" I said.

"Yes. My wife didn't like Spain, she went back to Camberwell, she was more at home there."

"Oh ! I'm sorry for that."

His black eyes flashed[8] a bacchanalian smile. He really had somewhat the look of a young Silenus[9].

"Life is full of compensations[10]," he murmured.

The words were hardly out of his mouth when a Spanish woman, no longer[11] in her first youth, but still boldly and voluptuously beautiful, appeared at the door. She spoke to him in Spanish, and I could not fail to perceive that she was the mistress of the house.

As he stood at the door to let me out[12] he said to me :

"You told me when last I saw you[13] that if I came here I should earn just enough money to keep body and soul together, but that I should lead a wonderful life. Well, I want to tell you that you were right. Poor I have been and poor I shall always be, but by heaven I've enjoyed myself. I wouldn't exchange the life I've had with that of any king in the world[14]."

---

1. **to wear, wore, worn** : *porter (vêtements).*
2. m. à m. : *terriblement râpés ils étaient.*
3. **wide-brimmed** : adjectif composé avec imitation de participe passé. Exemples : **a blue-eyed boy** : *un garçon aux yeux bleus* ; a **black-uniformed policeman** : *un policier à l'uniforme noir.*
4. **a Spaniard** : *un Espagnol.* **The Spaniards = the Spanish people** : *les Espagnols.*
5. m. à m. : *...il savait (reconnaître) une bonne bouteille de vin quand il la voyait.*
6. m. à m. : *quoique entièrement sympathique.*
7. **appendicitis** : *appendicite.* **To have one's appendix removed** : *se faire opérer de l'appendicite.*
8. **to flash** : *briller, étinceler.* **His eyes flashed with anger** : *Ses yeux étincelaient de colère.*

Les vêtements qu'il portait, élimés à l'extrême, avaient à l'évidence été faits par un tailleur espagnol et son chapeau était le sombrero à larges bords des Espagnols. Il me faisait. l'impression d'être un connaisseur de bons vins. Il avait l'air d'un fêtard, au demeurant, parfaitement sympathique. Vous auriez peut-être hésiter à le laisser vous opérer de l'appendicite, mais vous n'auriez jamais pu imaginer compagnon plus agréable pour boire un verre de vin avec vous.

– Vous étiez bien marié, n'est-ce-pas ? dis-je.

– Oui, mais ma femme n'aimait pas l'Espagne. Elle est retournée à Camberwell, elle se sentait mieux chez elle.

– Oh, vous m'en voyez navré. Dans ses yeux noirs brilla un sourire bacchique. Il avait réellement quelque chose d'un jeune Silène.

– La vie offre bien des compensations, murmura-t-il. A peine avait-il prononcé ces paroles qu'une Espagnole apparut à la porte. Elle n'était plus toute jeune mais belle encore, d'une beauté hardie et sensuelle. Elle lui parla en espagnol et, à l'évidence, je pouvais voir qu'elle était la maîtresse de maison. En me reconduisant jusqu'à la porte, il me dit :

– Vous m'avez dit quand nous nous sommes rencontrés que si je venais ici, je gagnerais tout juste de quoi vivre mais que j'aurais une vie merveilleuse. Eh bien, je tiens à vous dire que vous aviez raison. Pauvre j'étais et pauvre je resterai mais, Dieu merci, j'en ai bien profité. Je ne donnerai pas ma place pour tout l'or du monde.

---

9. **Silenus** prononcé [sɑɪˈliːnəs].

10. Autre sens de **compensation** : *indemnité, dédommagement*. **To be compensated for** : *être indemnisé*.

11. **no longer** : *ne. plus*. **He no longer comes to see me** ou **he doesn't come to see me any longer** : *il ne vient plus me voir*.

12. m. à m. : *comme il se tenait à la porte pour me laisser sortir*. **Let him in** : *faites-le entrer, introduisez-le*. **Let him out** : *laissez-le sortir, raccompagnez-le, reconduisez-le*.

13. m. à m. : *la dernière fois que nous nous sommes rencontrés*. En réalité, ils ne se sont rencontrés qu'une seule et unique fois.

14. m. à m. : *je n'échangerai pas la vie que j'ai eue avec celle de n'importe quel roi du monde*.

The Dream

Le rêve

It chanced that[1] in August 1917 the work upon which I was then engaged obliged me to go from New York to Petrograd, and I was instructed for safety's sake[2] to travel by way of Vladivostok. I landed there in the morning and passed an idle[3] day as best I could. The trans-Siberian train was due to start, so far as I remember, at about nine in the evening. I dined at the station restaurant by myself[4]. It was crowded and I shared a small table with a man whose appearance entertained[5] me. He was a Russian, a tall[6] fellow, but amazingly stout[7], and he had so vast a paunch[8] that he was obliged to sit well away from the table. His hands, small for his size, were buried in rolls of fat[9]. His hair, long, dark, and thin[10], was brushed carefully across[11] his crown in order to conceal his baldness, and his huge sallow[12] face, with its enormous double chin, clean-shaven[13], gave you an impression of indecent nakedness. His nose was small, a funny little button upon that mass of flesh, and his black shining eyes were small too. But he had a large, red, and sensual mouth. He was dressed neatly enough in a black suit. It was not worn[14] but shabby ; it looked as if it had been neither pressed nor brushed since he had had it.

The service was bad and it was almost impossible to attract the attention of a waiter. We soon got into conversation. The Russian spoke good and fluent English[15]. His accent was marked but not tiresome[16].

---

1. **it chanced that** : tournure littéraire et quelque peu archaïque. **I chanced to meet him in Brussels** : *je l'ai rencontré par hasard à Bruxelles.* **A chance encounter :** *une rencontre dictée par le hasard.* **By chance :** *par hasard.*

2. **for…'s sake :** *pour l'amour de, par égard pour, à cause de.* **For God's sake :** *pour l'amour de Dieu.* **For pity's sake :** *par pitié.* **Art for art's sake :** *l'art pour l'art.*

3. autre sens de **idle** : *inactif, inoccupé.* **Idleness** : *oisiveté.*

4. **by myself = alone** : *tout seul*

5. **to entertain** a le plus souvent le sens de *distraire, divertir.* **Entertainment** : *distraction, amusement.*

6. **tall :** (*grand* par la taille). **How tall are you ?** *Quelle est votre taille ? Combien mesurez-vous ?* Distinguer bien : **a tall man** et **a great man** (*grand* par le mérite et/ou le talent).

Il se trouva qu'en août 1917, je dus pour mon travail me rendre de New York à Petrograd. Pour plus de sûreté, j'avais pour consigne de passer par Vladivostok. J'y débarquai le matin et passai cette journée de liberté le mieux possible. Le transsibérien devait partir, autant que je m'en souvienne, vers neuf heures du soir. Je dînai seul au buffet de la gare. Il était bondé et je partageais une petite table avec un homme dont l'apparence m'amusa. C'était un Russe, un grand gaillard à la corpulence étonnante. Il avait une panse si énorme qu'il était obligé de s'asseoir assez loin de la table. Ses mains, petites pour sa taille, disparaissaient sous des bourrelets de graisse. Ses cheveux noirs, longs et clairsemés étaient soigneusement ramenés sur le sommet du crâne pour cacher sa calvitie et son visage immense et jaunâtre avec son double menton énorme et glabre donnait l'impression d'une indécente nudité. Son nez était petit : drôle de petit bouton sur cette masse de chair ; petits aussi ses yeux noirs et brillants. Mais il avait une grande bouche, rouge et sensuelle. Il était vêtu, avec assez de soin, d'un costume noir qui n'était pas usé mais assez défraîchi ; on aurait dit qu'il n'avait jamais été repassé ni brossé depuis qu'il le possédait. Le service laissait beaucoup à désirer. Il était pratiquement impossible d'attirer l'attention d'un serveur. Nous engageâmes bientôt la conversation. Le Russe parlait couramment un anglais de bon aloi. Il avait un accent prononcé qui n'était pas lassant.

---

7. m. à m. : *étonnamment corpulent, massif.*
8. **paunch** : *panse.* Attention à la prononciation [pɔːntʃ].
9. m. à m. : *étaient enfouies sous des rouleaux de graisse* .
10. **thin** : le sens le plus courant de **thin** est *mince* contraire. de **thick** : *épais.*
11. m. à m. : *ramenés à la brosse.*
12. **sallow** : *jaunâtre, olivâtre*
13. autre sens : *rasé de près.* **Shaven** est un adjectif. Le verbe **to shave** est régulier.
14. **to wear, wore, worn** : *porter (des vêtements).*
15. m. à m. : *le Russe parlait un bon anglais courant.*
16. **tiresome = tiring.**

He asked me many questions about myself and my plans, which — my occupation at the time making caution necessary[1] — I answered with a show of frankness but with dissimulation.

I told him I was a journalist. He asked me whether I wrote fiction[2] and when I confessed that in my leisure moments I did, he began to talk of the later[3] Russian novelists. He spoke intelligently. It was plain[4] that he was a man of education[5].

By this time we had persuaded the waiter to bring us some cabbage soup, and my acquaintance pulled a small bottle of vodka from his pocket which he invited me to share. I do not know whether it was the vodka or the natural loquaciousness of his race that made him communicative, but presently[6] he told me, unasked, a good deal about himself. He was of noble birth, it appeared, a lawyer[7] by profession, and a radical[8]. Some trouble with the authorities had made it necessary for him to be much abroad, but now he was on his way home. Business had detained him at Vladivostok, but he expected to start for Moscow in a week and if I went there he would be charmed to see me.

"Are you married ?" he asked me.

I did not see what business it was of his[9], but I told him that I was. He sighed a little[10].

"I am a widower[11] he said." My wife was a Swiss, a native[12] of Geneva. She was a very cultivated woman.

---

1. Pour une meilleure compréhension de l'histoire, il faut savoir qu'en 1917, Somerset Maugham fut l'émissaire secret du gouvernement britannique auprès de Kerensky, chef du gouvernement provisoire, éliminé par les Bolcheviks en Novembre de la même année.

2. **fiction** au sens large : *œuvres d'imagination*, d'où *romans. Un roman* : **a novel**. *Une nouvelle* : **a short story. The news** : *les nouvelles (du jour)*

3. **later** : comparatif de **late** avec le sens positif de *récent, contemporain* ; le contraire sera donc **earlier.** Attention à **late** épithète au sens de *défunt* : **my late husband** : *feu mon mari.* Mais **my husband is late** : *mon mari est en retard.*

4. **plain = obvious** : *clair, évident.* Autres sens : *plat ; ordinaire ; sans beauté.*

5. **education** signifie à la fois *instruction, culture, enseignement, formation.* **Educational background** : *niveau d'instruction.*

6. **presently** est un faux ami qui veut dire *bientôt.*

Il me posa de nombreuses questions sur moi-même et sur mes projets, auxquelles je répondis avec une apparence de franchise qui n'était pas exempte de dissimulation – mes occupations du moment m'obligeant à la prudence. Je lui dis que j'étais journaliste. Il me demanda si j'écrivais des romans et quand je lui avouai que cela m'arrivait à mes moments perdus, il commença à parler des romanciers russes contemporains. Il en parla avec intelligence. Il était évident qu'il s'agissait d'un homme cultivé. Entre-temps nous avions persuadé le serveur de nous apporter de la soupe aux choux et ma nouvelle connaissance tira de sa poche une petite bouteille de vodka qu'il m'invita à partager. Je ne sais si c'est la vodka ou la loquacité naturelle de sa race qui le rendait communicatif, mais il se mit bientôt, spontanément, à me raconter beaucoup de choses sur lui-même. Aristocrate de naissance, semblait-il, il était avocat de son état et avait des idées politiques avancées. Des ennuis avec les autorités l'avaient obligé à faire de nombreux séjours à l'étranger, mais maintenant il rentrait au pays. Des affaires l'avaient retenu à Vladivostok, mais il comptait partir pour Moscou dans une semaine et, si je m'y rendais, il serait ravi de me voir.

– Êtes-vous marié ? me demanda-t-il.

Je ne voyais pas en quoi, cela le regardait, mais je lui dis que oui. Il poussa un petit soupir.

– Je suis veuf, dit-il. Ma femme était suisse, native de Genève. Elle était très cultivée.

Présentement se traduira par *at present, now, for the time being*.

7. **a lawyer** : *un homme de loi, un avocat*. **To read law** : *faire son droit*.

8. **radical** : en anglais, ce mot n'a pas la connotation politique française de radical (socialiste)

9. **it is no business of yours** ! : *cela ne vous regarde pas* ! **Mind your own business** ! : *occupez-vous de vos affaires ! mêlez-vous de ce qui vous regarde !*

10. **he sighed a little** : *il soupira un peu*. **A sigh** : *un soupir*. **A sigh of relief** : *Un soupir de soulagement*. **To heave a sigh** : *pousser un soupir*

11. **a widower** : *un veuf*. **A widow** : *une veuve* ; **widowhood** : *veuvage*

12. **a native** : *un naturel, un autochtone, qqn du pays*. **He speaks English like a native** : *il parle anglais comme un habitant du pays*.

She spoke English, German, and Italian perfectly. French, of course, was her native[1] tongue. Her Russian was much above the average for a foreigner. She had scarcely[2] the trace of an accent. "

He called a waiter who was passing with a tray full of dishes and asked him, I suppose — for then I knew hardly[3] any Russian — how much longer we were going to wait for the next course[4]. The waiter, with a rapid but presumably reassuring exclamation, hurried on, and my friend sighed.

"Since the revolution the waiting in restaurants has become abominable."

He lighted[5] his twentieth cigarette and I, looking at my watch, wondered whether I should get a square meal[6] before it was time for me to start.

"My wife was a very remarkable woman," he continued. "She taught[7] languages at one of the best schools for the daughters of noblemen in Petrograd. For a good many years we lived together on perfectly friendly terms[8]. She was, however, of a jealous temperament and unfortunately she loved me to distraction[9]."

It was difficult for me to keep a straight face[10]. He was one of the ugliest men I had ever seen. There is sometimes a certain charm in the rubicund and jovial fat man, but this saturnine[11] obesity was repulsive.

"I do not pretend that I was faithful to her. She was not young when I married her and we had been married for ten years.

---

1. **native tongue = mother tongue** : *langue maternelle.* **The gift of tongues** : *le don des langues*
2. **scarcely** : adverbe semi-négatif au sens de *très peu, pratiquement pas, guère.* Il y a deux autres adverbes équivalents : **hardly** et **barely.**
3. voir la note n° 2.
4. **the next course** : *le plat suivant.* **Two courses and a sweet** : *deux plats et un dessert.*
5. le verbe **to light** est ici régulier alors que le verbe irrégulier **to light, lit, lit** voit sa fréquence d'emploi diminuer.
6. **a square meal** : *un repas copieux, substantiel.*
7. **to teach, taught, taught.** Ne pas confondre **to teach** : *enseigner, apprendre* avec **to learn, learnt/ed, learnt/ed** : *apprendre.* **I was taught Russian** : *on m'a appris, on m'a enseigné le russe.* **I learned Russian** : *j'ai appris le russe.*

Elle parlait parfaitement l'anglais, l'allemand et l'italien. Le français était, bien sûr, sa langue maternelle. Son russe était très au dessus de la moyenne pour une étrangère. C'est à peine si elle avait une pointe d'accent.

Il appela un serveur qui passait avec un plateau chargé de plats et lui demanda, j'imagine, – car à cette époque je connaissais à peine le russe – si nous allions attendre encore longtemps la suite. Le garçon, après une exclamation brève mais probablement rassurante, s'éclipsa rapidement, et mon ami soupira.

– Depuis la révolution, le service dans les restaurants est devenu épouvantable.

Il alluma sa vingtième cigarette et moi, je me demandais si j'aurai le temps de faire un repas complet avant l'heure du départ.

– Ma femme était une femme tout à fait remarquable, continua-t-il ; elle enseignait les langues dans l'une des meilleures écoles pour les filles de la noblesse à Petrograd. Pendant de nombreuses années, nous vécumes ensemble en bons termes. Elle était cependant d'un naturel jaloux et pour mon malheur m'aimait à la folie.

J'avais du mal à garder mon sérieux. C'était un des hommes les plus laids que j'aie jamais vus. Un gros bonhomme, rubicond et jovial peut quelquefois avoir un certain charme, mais cette obésité sardonique était repoussante.

– Je ne prétends pas lui avoir été fidèle. Elle n'était pas jeune quand je l'ai épousée et nous étions mariés depuis dix ans.

---

8. **to be on good terms with :** *être en bons termes avec* : contr. **to be on bad terms with** : *être en mauvais termes avec.*
9. **distraction** est évidemment un faux ami au sens de *folie.* **To love sbd to distraction** : *aimer quelqu'un à la folie ; être éperdument amoureux.* **Distraction** se traduira le plus souvent par : *amusement, entertainment, pastime.*
10. m. à m. : *garder un visage droit*
11. **saturnine :** *sombre, taciturne.*

She was small and thin, and she had a bad complexion. She had a bitter[1] tongue. She was a woman who suffered from a fury of possession, and she could not bear me to be attracted to anyone but her. She was jealous not only of the women I knew, but of my friends, my cat, and my books. On one occasion in my absence she gave away a coat of mine[2] merely because I liked none of my coats so well[3]. But I am of an equable temperament.

"I will not deny that she bored[4] me, but I accepted her acrimonious disposition as an act of God[5] and no more thought of rebelling against it than I would against bad weather or a cold in the head[6]. I denied her accusations as long as it was possible to deny them, and when it was impossible I shrugged my shoulders[7] and smoked a cigarette.

"The constant scenes she made me did not very much affect me. I led my own life[8]. Sometimes, indeed, I wondered whether it was passionate love she felt for me or passionate hate. It seemed to me that love and hate were very near allied.

"So we might have continued to the end of the chapter[9] if one night a very curious thing had not happened. I was awakened by a piercing scream from my wife. Startled, I asked her what was the matter[10]. She told me that she had had a fearful nightmare ; she had dreamt that I was trying to kill her. We lived at the top of a large house and the well round which the stairs climbed[11] was broad. She had dreamt[12] that just as we had arrived at our own floor I had caught hold of her and attempted to throw[13] her over the balusters.

---

1. autres sens de **bitter** : *amer ; cruel.* **A bitter cold** : *un froid cinglant, glacial.*

2. m à m. : *un manteau à moi* : **A coat of mine = one of my coats**. L'emploi du pronom possessif postposé est plus idiomatique.

3. m. à m. : *parce que je n'aimais aucun de mes manteaux autant.*

4. **to bore** : *ennuyer, assommer, raser.* **Boring** : *ennuyeux, assommant.* **A bore** : *personne ennuyeuse.*

5. **an act of God** : le sens le plus courant de l'expression est *un cas de force majeure.*

6. **a cold in the head** : *un rhume de cerveau.* **I have got a cold** : *j'ai un rhume.* **Hay fever** : *le rhume des foins.*

7. m. à m. : *Je haussais mes épaules.* Notez l'emploi idiomatique courant de l'adjectif possessif à la place de l'article défini pour les parties du corps et les vêtements.

8. m. à m. : *je menais ma propre vie.* **To lead, led, led.**

Elle était petite et maigre et elle avait un vilain teint. Elle avait une langue de vipère ; elle souffrait du démon de la possession et elle ne pouvait pas supporter que je sois attiré par quelqu'un d'autre qu'elle. Elle était non seulement jalouse des femmes que je connaissais mais aussi de mes amis, de mon chat et de mes livres. Une fois, en mon absence, elle donna un de mes manteaux, uniquement parce que c'était celui que je préférais. Mais je suis d'un naturel égal.

Je ne nierai pas qu'elle m'ennuyait, mais j'acceptais son caractère acariâtre comme une volonté divine et je ne songeais pas plus à me rebeller contre cet état de fait que je l'aurais fait contre le mauvais temps ou un rhume de cerveau. Je repoussais ses accusations aussi longtemps qu'il était possible de le faire et quand c'était impossible, je haussais les épaules et je fumais une cigarette.

Les scènes continuelles qu'elle me faisait ne m'affectaient guère. J'avais ma vie à moi. Parfois, je me demandais si c'était un amour passionné qu'elle éprouvait pour moi ou une haine passionnée. Il me semblait qu'amour et haine étaient très proches l'un de l'autre.

Nous aurions pu ainsi continuer jusqu'à la fin des fins si, une nuit, une chose très curieuse n'était pas arrivée. Je fus réveillé par un cri perçant de ma femme. Effrayé, je lui demandai ce qu'il y avait. Elle me répondit qu'elle avait fait un cauchemar affreux ; elle avait rêvé que j'essayais de la tuer. Nous habitions au dernier étage d'une grande maison et la cage d'escalier était large. Elle avait rêvé qu'à l'instant précis où nous arrivions à notre étage, je m'étais saisi d'elle et que j'avais tenté de la jeter par-dessus la rampe.

---

9 m. à m. *jusqu'à la fin du chapitre.*
10. **What is the matter ?** : *Qu'est-ce-qu'il y a ? Qu'est-ce qui se passe ?* **What's the matter with you ?** *Qu'est-ce que vous avez ? qu'est-ce-qui vous prend ?*
11. m. à m. : *et la cage autour de laquelle l'escalier grimpait.* **A well** : *un puits, une cage (d'escalier ou d'ascenseur).*
12. **to dream, dreamt, dreamt.** En anglais moderne **to dream** est de plus en plus souvent considéré comme un verbe régulier.
13. **to throw, threw, thrown** : *jeter.*

It was six storeys[1] to the stone floor at the bottom and it meant certain death.

"She was much shaken[2]. I did my best to soothe[3] her. But next morning, and for two or three days after, she referred to the subject again and, notwithstanding my laughter, I saw that it dwelt[4] in her mind. I could not help thinking of it either, for this dream showed me something that I had never suspected.

"She thought I hated her, she thought I would gladly be rid of[5] her ; she knew of course that she was insufferable, and at some time or other the idea evidently occurred to her that I was capable of murdering[6] her. The thoughts of men are incalculable and ideas enter our minds that we should be ashamed[7] to confess. Sometimes I had wished that she might run away[8] with a lover[9], sometimes that a painless[10] and sudden death might give me my freedom ; but never, never had the idea come to me that I might deliberately rid myself of an intolerable burden.

"The dream made an extraordinary impression upon both of us[11]. It frightened my wife, and she became for a little less bitter and more tolerant. But when I walked up[12] the stairs to our apartment it was impossible for me not to look over the balusters and reflect how easy it would be to do what she had dreamt. The balusters were dangerously low. A quick gesture and the thing was done. It was hard to put the thought out of my mind. Then some months later my wife awakened me one night.

---

1. **storey** (ou **story**) tout comme **floor** a le sens d'étage. En principe, **storey** s'emploie pour l'étage vu/considéré de l'extérieur et **floor** pour l'étage intérieur. **A five-storeyed** ou **five-storied house** : *une maison de cinq étages.* **The ground-floor :** *le rez-de-chaussée.* Mais attention en américain *rez-de-chaussée* : **first floor**
2. **to shake, shook, shaken** : *secouer, agiter.*
3. **to soothe = to calm (down)** : *calmer, se calmer.*
4. **to dwell, dwelt, dwelt**. Sens vieilli : *habiter.* **Dwelling :** *habitation.*
5. **to be rid of sbd.** : *être débarrassé de qqn.* **To get rid of sbd. :** *se débarrasser de qqn.* **Good riddance** ! : *bon débarras !*

56

Il y avait six étages jusqu'au sol dallé du rez-de-chaussée : c'était une mort certaine.

Elle était toute remuée. Je fis de mon mieux pour la calmer. Mais le lendemain matin, et les deux ou trois jours qui suivirent, elle refit allusion à son rêve et, malgré mes rires, je vis qu'il lui occupait l'esprit. Je ne pouvais pas, moi non plus, m'empêcher d'y penser car ce rêve me révélait quelque chose que je n'avais jamais soupçonné.

Elle pensait que je la haïssais, elle pensait que je serais content d'être débarrassé d'elle. Elle savait, évidemment, qu'elle était insupportable et, à un moment ou à un autre, l'idée lui était venue, bien sûr, que j'étais capable de l'assassiner. Les pensées des hommes sont imprévisibles et il nous passe par la tête des idées que nous aurions honte d'avouer. J'avais souhaité parfois qu'elle partît avec un amant ou qu'une mort soudaine et indolore me rendît ma liberté ; mais jamais, au grand jamais, l'idée ne m'était venue que je pourrais me débarrasser délibérément d'un fardeau insupportable.

Ce rêve fit sur nous deux une impression extraordinaire. Il effraya ma femme et elle devint pendant quelque temps moins acariâtre et plus tolérante. Mais quand je gravissais les marches qui mènent à mon appartement, je ne pouvais pas m'empêcher de regarder par-dessus la rampe et de me dire combien ce serait facile de faire ce qu'elle avait rêvé. La rampe était dangereusement basse. Un geste rapide et la chose était faite. Il m'était difficile de chasser cette pensée de mon esprit. Puis, quelques mois plus tard, ma femme me réveilla une nuit.

---

6. **to murder** : *assassiner*. **A murder** : *un meurtre, un assassinat, un homicide volontaire*
7. **you should be ashamed of yourself** : *Vous devriez avoir honte*. **What a shame** ! *C'est une honte ! C'est honteux* **Shame on you** ! *Vous n'avez pas honte ! Honte à vous !*
8. le sens le plus courant – si l'on peut dire – de **to run away** est *s'enfuir*. **A runaway** : *un fuyard.*
9. **lover** : *amoureux, amant*. **A music lover** : *un amoureux de la musique, un mélomane.*
10. **painless** : *indolore*, **painful** : *douloureux.*
11. **both of us = the two of us** : *nous deux.*
12. **to walk up = to climb** : *monter, grimper, escalader*

I was very tired and I was exasperated. She was white and trembling. She had had the dream again. She burst[1] into tears and asked me if I hated her. I swore[2] by all the saints of the Russian calendar[3] that I loved her. At last she went to sleep[4] again. It was more than I could do. I lay[5] awake[6]. I seemed to see her falling down the well of the stairs, and I heard her shriek and the thud as she struck the stone floor[7]. I could not help shivering."

The Russian stopped and beads of sweat[8] stood on his forehead[9]. He had told the story well and fluently so that I had listened with attention. There was still some vodka in the bottle ; he poured it out and swallowed it at a gulp[10].

"And how did your wife eventually[11] die ?" I asked after a pause.

He took out a dirty handkerchief and wiped his forehead[12].

"By an extraordinary coincidence she was found late one night at the bottom of the stairs with her neck broken[13]."

"Who found her ?"

"She was found by one of the lodgers[14] who came in shortly after the catastrophe."

"And where were you ?"

I cannot describe the look he gave me of malicious[15] cunning. His little black eyes sparkled[16].

"I was spending the evening with a friend of mine[17]. I did not come in till an hour later."

---

1. to burst, burst, burst. To burst out laughing : *éclater de rire.*
2. to swear, swore, sworn : 1) *jurer, attester, promettre* 2) *jurer, blasphémer.*
3. m. à m. : *du calendrier russe.* Il s'agit, évidemment, du calendrier orthodoxe.
4. to go to bed : *aller se coucher.* To go to sleep : *s'endormir.* To sleep, slept, slept.
5. to lie, lay, lain : *être étendu, être couché.*
6. to be awake : *être réveillé, éveillé* contr. to be asleep : *être endormi.* To awake, awoke, awoke /awaked : *s'éveiller, se réveiller.*
7. m. à m. : *comme elle heurtait le plancher de pierre.*
8. Attention à la prononciation : [swet].
9. Attention à la prononciation : ['fɔrɪd].

J'étais très fatigué, j'étais exaspéré. Elle était blême et tremblante. Elle avait refait le même rêve. Elle fondit en larmes et me demanda si je la haïssais. Je lui jurai par tous les saint du calendrier orthodoxe que je l'aimais. Elle finit par se rendormir. Pour ma part, je n'y parvins pas. Je restai éveillé. Il me semblait la voir tomber dans la cage d'escalier et j'entendais ses cris perçants et le bruit sourd de son corps sur les dalles de pierre. Je ne pouvais pas m'empêcher de frissonner.

Le Russe s'interrompit et de grosses gouttes de sueur perlèrent sur son front. Il avait raconté son histoire avec une faconde telle que je l'avais écouté avec la plus grande attention. Il restait encore un peu de vodka dans la bouteille ; il se la versa et l'avala d'un trait.

– Et finalement, comment est morte votre femme ? lui demandai-je peu après.

Il sortit de sa poche un mouchoir crasseux et s'épongea le front.

– Par une coïncidence extraordinaire, on la trouva, à une heure avancée de la nuit, au pied de l'escalier, la nuque brisée.

– Qui la trouva ?

– Un des locataires qui rentra peu après le drame.

– Et vous, où étiez-vous ?

Je n'arrive pas à décrire le regard rusé et malveillant qu'il me lança. Ses petits yeux noirs étincelèrent.

– Je passais la soirée avec un de mes amis. Je ne suis rentré qu'une heure plus tard.

---

10. **to gulp down** = *avaler, ingurgiter, engloutir.*
11. **eventually = finally. He will eventually do it** : *il finira bien par le faire.*
12. m. à m. : *il essuya son front.* Voir note n°2, page 20. et la note suivante.
13. **with her neck broken** : m. à m. : *avec son cou brisé. La nuque* se dit **nape.**
14. **a lodger** est *un locataire en meublé. Le mot vaut aussi pour pensionnaire. Un locataire :* **a tenant.** *Le logeur, la logeuse, le/la propriétaire se traduira le plus souvent par* **landlord/landlady** *Autres traductions de propriétaire :* **proprietor, owner.**
15. **malicious** est un faux ami avec le sens de *malveillant, méchant. Malicieux :* **mischievous, naughty, playful.**
16. **to sparkle** : *étinceler, pétiller.* **A sparkling wine** : *un vin mousseux.*
17. **a friend of mine** : voir note n° 2, page 54.

At that moment the waiter brought us the dish[1] of meat that we had ordered, and the Russian fell upon it[2] with good appetite. He shovelled the food into his mouth in enormous mouthfuls[3].

I was taken aback. Had he really been telling me in this hardly veiled manner that he had murdered his wife ? That obese and sluggish[4] man did not look like a murderer ; I could not believe that he would have had the courage. Or was he making a sardonic joke[5] at my expense ?

In a few minutes it was time for me to go and catch my train. I left him and I have not seen him since. But I have never been able to make up my mind[6] whether he was serious or jesting.

---

1. **a dish** : *un plat (contenant et contenu), un mets*. **To wash the dishes** : *faire la vaisselle.*
2. m. à m. : *tomba dessus.*
3. **a mouthful** : *une bouchée* ; **a handful** : *une poignée* ; **an armful** : *une brassée* ; **a pocketful** : *une pleine poche, etc.*
4. **sluggish** : *lent, paresseux.* **A slug** : *une limace.*

A ce moment là, le garçon nous apporta le plat de viande que nous avions commandé et le Russe se jeta dessus avec un grand appétit. Il engloutissait la nourriture en énormes bouchées.

J'étais déconcerté. M'avait-il réellement raconté, de cette manière à peine voilée, qu'il avait assassiné sa femme ? Cet homme obèse et indolent n'avait pas une tête d'assassin ; je ne pouvais pas croire qu'il aurait eu un courage suffisant. Ou bien faisait-il une bien mauvaise plaisanterie à mes dépens ?

Quelques minutes plus tard, il fut l'heure pour moi d'aller prendre mon train. Je le quittai pour ne plus jamais le revoir. Mais je n'ai jamais pu tranché : était-il sérieux ou plaisantait-il ?

---

5. **a joke** = *une plaisanterie, une farce, une blague.* **To play a joke** : *faire une farce.* **No joke** : *sans plaisanter, sérieusement.*
6. **to make up one's mind** : *se décider, prendre une décision.* **Make up your mind !** *Décidez-vous !*

Mr Know-All

Monsieur Je-sais-tout

I was prepared to dislike Max Kelada even before I knew him. The war had just finished and the passenger traffic[1] in the ocean-going liners was heavy. Accommodation[2] was very hard to get and you had to put up with[3] whatever the agents chose to offer you. You could not hope for a cabin to yourself and I was thankful to be given one in which there were only two berths. But when I was told the name of my companion my heart sank[4]. It suggested closed port-holes[5] and the night air rigidly excluded. It was bad enough to share a cabin for fourteen days[6] with anyone (I was going from San Francisco to Yokohama), but I should have looked upon it with less dismay if my fellow-passenger's name had been Smith or Brown[7].

When I went on board I found Mr Kelada's luggage[8] already below. I did not like the look of it ; there were too many labels on the suitcases, and the wardrobe trunk[9] was too big. He had unpacked his toilet things, and I observed that he was a patron[10] of the excellent Monsieur Coty[11] ; for I saw on the washing-stand his scent, his hair-wash, and his brilliantine. Mr Kelada's brushed, ebony with his monogram in gold, would have been all the better for a scrub. I did not at all like Mr Kelada. I made my way into the smoking-room. I called for a pack of cards and began to play patience[12]. I had scarcely started before a man came up to me and asked me if he was right in thinking my name was so-and-so.

---

1. Attention à l'orthographe de **traffic** : *circulation, trafic.*
2. Attention à l'orthographe de **accommodation**, nom collectif, donc sans pluriel : *logement, endroit où habiter.* **It is very difficult to find accommodation in London** : *Il est très difficile de trouver à se loger à Londres.*
3. **to put up with something** : *s'accommoder de qqch., supporter, souffrir.*
4. **my heart sank** : m. à m. *mon cœur coula.* **To sink, sank, sunk** : *couler, sombrer.*
5. **port** : 1) *port* 2) *bâbord (gauche)* contr. **starboard** : *tribord (droit).* **Port** a enfin le sens de *porto.*
6 **Fourteen days = a fortnight (fourteen nights)** : *quinze jours.* **Four** : *quatre,* **forty** : *quarante.*
7. **Smith** ou **Brown** : sont deux patronymes très courants en anglais. On aurait pu traduire **Dupont** ou **Durand.**

Tout me disposait à détester M. Kelada avant même de faire sa connaissance. La guerre venait de finir et le trafic voyageurs sur les paquebots était considérable. Il était très difficile de trouver de la place et l'on devait se contenter de ce que les agences voulaient bien vous offrir. Il ne fallait pas compter avoir une cabine pour vous tout seul et j'étais bien content d'en avoir obtenu une qui ne comportait que deux couchettes. Mais je crus défaillir en apprenant le nom de mon compagnon de voyage. Il était synonyme de traversée à hublots fermés avec impossibilité absolue de profiter de l'air de la nuit. Partager une cabine pendant quinze jours (je me rendais de San Francisco à Yokohama) n'était pas particulièrement agréable, mais cela m'aurait semblé moins consternant si le nom de mon compagnon de voyage avait été Smith ou Brown.

Quand je montai à bord, je constatai que les bagages de M. Kelada étaient déjà là. Leur aspect me déplut ; les valises portaient trop d'étiquettes et la malle garde-robe était trop grande. Il avait déballé ses affaires de toilette et, en voyant sur la tablette du lavabo, son parfum, son shampoing et sa brillantine, je notai que c'était un fidèle client de l'excellent M. Coty. Ses brosses en bois d'ébène avec son monogramme en or auraient eu grand besoin d'un nettoyage en règle. Je n'aimais vraiment pas M. Kelada. Je me rendis au fumoir. Je demandai un jeu de cartes et j'entrepris de faire une réussite. A peine avais-je commencé qu'un homme s'approcha de moi pour me demander si, sauf erreur de sa part, je n'étais pas M. Untel.

---

8. **Luggage**, nom collectif, donc pas de pluriel. **I'll put your luggage in the boot of the car** : *je vais mettre vos bagages dans le coffre de la voiture.*

9. autres sens de **trunk** : *tronc ;* **the trunk of a tree** : *un tronc d'arbre ; trompe (de l'éléphant).*

10. **patron** est un faux ami : *bon client.* **To patronize a shop :** *être un habitué d'un magasin, fréquenter un magasin.* **A regular customer :** *un habitué, un fidèle client.* **A casual customer :** *un client occasionel, un client de passage.* **Le patron :** *the boss.*

11. **Coty** : il ne s'agit pas d'un président de la République française (1953-1959), mais d'un fabricant de célèbres parfums (1874-1934). Un *parfum* se dit aussi **perfume, fragrance.** Autre sens de **scent** : *odeur, senteur :* **smell.**

12. **to play patience :** *faire des réussites.* **Réussir** : *to succeed.* *Une réussite :* **a success, an achievement.**

"I am Mr Kelada," he added, with a smile that showed a row of flashing teeth, and sat down.

"Oh, yes, we're sharing[1] a cabin[2], I think."

"Bit of luck[3], I call it. You never know who you're going to be put in with. I was jolly glad when I heard you were English. I'm all for us English sticking together when we're abroad, if you understand what I mean."

I blinked.

"Are you English ? " I asked, perhaps tactlessly.

"Rather[4] ! You don't think I look an American, do you ? British to the backbone[5], that's what I am."

To prove it, Mr Kelada took out of his pocket a passport and airily waved[6] it under my nose.

King George[7] has many strange[8] subjects. Mr Kelada was short and of a sturdy build, clean-shaven[9] and dark-skinned[10], with a fleshy, hooked nose and very large, lustrous and liquid eyes. His long black hair was sleek and curly. He spoke with a fluency[11] in which there was nothing English and his gestures were exuberant. I felt pretty sure that a closer inspection of that British passport would have betrayed the fact[12] that Mr Kelada was born under a bluer sky than is generally seen in England.

"What will you have ?"[13] he asked me.

I looked at him doubtfully[14].

---

1. Remarquer l'emploi idiomatique de la forme en -ing pour mieux marquer l'actualité.
2. **cabin** : autre sens : *cabane*. **Uncle Tom's cabin** : *la case de l'Oncle Tom*.
3. **bit of luck** : *coup de chance, de veine*. **Good luck !** : *bonne chance !* contr. **bad luck ! hard luck !**
4. littéralement : *plutôt*.
5. m. à m. : *jusqu'à la colonne vertébrale* ; on dit aussi **through and through**. **Backbone** : *épine dorsale, colonne* vertébrale, échine.
6. **wave** : 1) *onduler, faire des vagues* 2) *faire signe de la main ; agiter le bras.* **To wave good-bye** : *dire au revoir d'un geste de la main.*
7. **King George** : il s'agit du roi **George V** qui régna de 1910 à 1936. **George** : *Georges.*

66

– Je suis M. Kelada, ajouta-t-il avec un sourire qui découvrait une rangée de dents éclatantes et il s'assit.

– Ah oui, je crois que nous partageons la même cabine.

– C'est ce j'appelle avoir de la chance. On ne sait jamais avec qui on va vous mettre. J'ai été rudement content d'apprendre que vous étiez anglais. Je crois sincèrement qu'à l'étranger, nous les Anglais, nous devrions nous serrer les coudes, si vous voyez ce que je veux dire.

Je clignais des yeux.

– Êtes-vous anglais ? demandai-je, avec, peut-être, un certain manque de tact.

– Et comment ! Vous ne trouvez tout de même pas que j'ai l'air d'un Américain ? Britannique jusqu'à la moelle, voilà ce que je suis.

Pour le prouver, M. Kelada sortit un passeport de sa poche et l'agita sous mon nez avec désinvolture.

Le roi Georges a un bon nombre de sujets bizarres. M. Kelada était petit, robuste ; il avait le visage glabre et le teint basané, un gros nez crochu et de très grands yeux brillants et limpides. Ses longs cheveux noirs étaient luisants et bouclés. Il parlait avec une faconde qui n'avait rien d'anglais et ses gestes étaient exubérants. J'étais sûr qu'un examen plus approfondi de son passeport britannique aurait révélé que M. Kelada était né sous un ciel bien plus bleu qu'il ne l'est généralement en Angleterre.

– Que prendrez-vous ? me demanda-t-il.

– Je le regardai d'un air indécis.

---

8. **strange** : *étrange*. **Stranger** : *étranger au sens d'inconnu.* **A foreigner** : *un étranger, qqn d'un autre pays.* Autre traduction d'*étrange* : **odd, queer**

9. **shaven** est un adjectif qui ne s'emploie aujourd'hui qu'en composition. **To shave** est un verbe régulier. **I have shaved :** *je me suis rasé.*

10. **dark-skinned** : adjectif à imitation de participe passé : *à la peau noire.* **Blue-eyed :** *aux yeux bleus, etc.*

11. **fluency** : *facilité de parole.* **He speaks fluent English :** *il parle l'anglais couramment.*

12. m. à m. *aurait trahi le fait.*

13. **What will you have ? = what will you drink ?**

14. **doubt** se prononce [daʊt]; **doubtfully** : *d'un air de doute, dubitativement.* **Undoubtedly** : *indubitablement, sans aucun doute*

Prohibition[1] was in force and to all appearances the ship was bone-dry[8]. When I am not thirsty I do not know which I dislike more, ginger-ale[3] or lemon-squash. But Mr Kelada flashed an oriental smile at me.

"Whisky and soda or a dry Martini[4], you have only to say the word[5]."

From each of his hip[6] -pockets he fished[7] a flask and laid[8] them on the table before me. I chose the Martini, and calling the steward he ordered a tumbler of ice and a couple of glasses.

"A very good cocktail," I said.

"Well, there are plenty more where that came from, and if you've got any friends on board, you tell them you've got a pal who's got all the liquor[9] in the world."

Mr Kelada was chatty[10]. He talked of New York and of San Francisco. He discussed plays, pictures, and politics. He was patriotic. The Union Jack is an impressive piece of drapery, but when it is flourished by a gentleman from Alexandria or Beirut, I cannot but feel[11] that it loses somewhat in dignity. Mr Kelada was familiar. I do not wish to put on airs, but I cannot help feeling that it is seemly in a total stranger to put mister[12] before my name when he addresses[13] me. Mr Kelada, doubtless to set me at my ease, used no such formality. I did not like Mr Kelada. I had put aside the cards when he sat down, but now, thinking that for this first occasion our conversation had lasted long enough, I went on with my game.

---

1. **Prohibition** : *La Prohibition*, c'est-à-dire l'interdiction absolue de vendre des boissons alcoolisées fut en vigueur aux Etats-Unis de 1919 à 1933.
2. **bone-dry** : littéralement *sec comme un os*, d'où *absolument sec*.
3. **ginger-ale** : *boisson gazeuse au gingembre*.
4. Quand le mot Martini est utilisé en anglais, il s'agit généralement d'un cocktail composé de gin ou de vodka et de vermouth. C'est l'une des boissons favorites des personnages de Somerset Maugham !
5. littéralement : *vous n'avez qu'à dire le mot*.
6. **hip** : *la hanche*.
7. **to fish** : *pêcher, aller à la pêche*. **Fish** : *le poisson, les poissons*. **A fisherman** : *un pêcheur professionnel*.

La prohibition était en vigueur et, selon toutes les apparences, il n'y avait pas une goutte d'alcool à bord. Or quand je n'ai pas soif, je ne sais pas ce que je déteste le plus : la bière au gingembre ou la citronnade. Mais M. Kelada me gratifia d'un éclatant sourire oriental.

– Whisky soda ou cocktail, vous avez le choix. De ses poches-revolver, il sortit deux flacons qu'il posa sur la table devant moi. Je choisis le cocktail. Il appela le steward et se fit apporter un pot de glaçons et deux verres.

– Ce cocktail est excellent, dis-je.

– Eh bien, il a de nombreux petits frères et si vous avez des amis à bord, dites-leur que vous avez un copain qui a tout l'alcool qu'il veut.

M. Kelada était bavard. Il parla de New York et de San Francisco. Il parla théâtre, peinture et politique. Il était patriote. L'Union Jack est un drapeau imposant, mais quand il est agité par un monsieur natif de Beyrouth ou bien d'Alexandrie, je ne peux pas m'empêcher de penser qu'il perd un peu de sa dignité. M. Kelada était sans façon. Je ne veux pas paraître prétentieux, mais je ne peux pas m'empêcher de trouver convenable qu'un parfait inconnu fasse précéder mon nom du titre de Monsieur quand il s'adresse à moi. M. Kelada, sans doute pour me mettre à l'aise, faisait l'économie de cette formalité. Je n'aimais pas M. Kelada. J'avais repoussé mes cartes quand il s'était assis, mais jugeant à présent que pour un premier contact, notre conversation avait assez duré, je repris ma réussite.

---

8. **to lay, laid, laid** : *poser, placer*. Ne pas confondre avec **to lie, lay, lain** : *être couché, être étendu.*
9. **liquor** est le nom générique pour toutes les boissonss alcoolisées. Il est le synonyme d'*alcool* qui se dit aussi *alcohol* ['ælkəhol].
10. **chatty = talkative** : *bavard*. To chat : *bavarder*. **To have a chat with sbd** : *faire la causette avec qqn., tailler une bavette avec qqn.*
11. **I cannot but feel = I cannot help feeling** : *je ne peux pas m'empêcher de penser.*
12. **mister** : *monsieur*, toujours abrégé en **Mr** et prononcé ['mɪstəʳ]
13. **to address sbd**. Attention à l'orthographe. : *s'adresser à. An* **address** : *une adresse.*

"The three on the four," said Mr Kelada.

There is nothing more exasperating when you are playing patience than to be told where to put the card you have turned up before you have had a chance to look for yourself.

"It's coming out, it's coming out," he cried. "The ten on the knave[1]."

With rage and hatred[2] in my heart I finished. Then he seized[3] the pack[4].

"Do you like card tricks[5] ?"

"No, I hate card tricks," I answered.

"Well, I'll just show you this one."

He showed me three. Then I said I would go down to the dining-room and get my seat at table.

"Oh, that's all right," he said. "I've already taken a seat for you. I thought that as we were in the same state-room[6] we might just as well sit at the same table."

I did not like Mr Kelada.

I not only shared a cabin with him and ate[7] three meals a day[8] at the same table, but I could not walk round the deck[9] without his joining me[10]. It was impossible to snub him. It never occurred[11] to him that he was not wanted[12]. He was certain that you were as glad to see him as he was to see you. In your own house you might have kicked[13] him downstairs and slammed the door in his face without the suspicion dawning[14] on him that he was not a welcome visitor.

---

1 **knave** : attention le **k** initial ne se prononce pas. Il en est de même dans des mots comme **knee** (*genou*), **knife** (*couteau*), **knight** (*chevalier*) **to knock** (*frapper à la porte*), to **know** (*savoir*).

2. m. à m. : *avec rage et haine,* redoublement classique.

3. **seize** : *(se) saisir (de), s'emparer.* Attention à la prononciation [si:z].

4. **pack** : *paquet (de cartes, de cigarettes). Un paquet, un colis :* **a parcel**

5. **trick** : *tour, astuce ; ruse.* **To play sbd a bad trick** : *jouer un mauvais tour à qqn.*

6. **A state-room** : *une cabine de luxe.*

7. **to eat, ate, eaten** : *manger, s'alimenter.*

8. **three meals a day** : *trois repas par jour.* On dit de même **three times a week** : *trois fois par semaine ;* **to earn one thou-**

– Le trois sur le quatre, dit M. Kelada.

Il n'y a rien de plus exaspérant, quand on fait une réussite, que de s'entendre dire où il faut mettre la carte que l'on vient de retourner sans avoir eu le temps de pouvoir chercher.

– Ça marche, ca marche, s'écria-t-il. Le dix sur le valet.

Je terminai la rage au cœur. Alors, il s'empara du paquet de cartes.

– Aimez-vous les tours de carte ?

– Non, dis-je, je les ai en horreur.

– Eh bien, je ne vous montrerai que celui-ci.

– Il en fit trois. Je lui dis alors que je voulais descendre à la salle à manger et passer à table.

– Oh, tout est réglé, dit-il. Je vous ai déjà retenu une place. J'ai pensé que puisque nous avions la même cabine, nous pourrions tout aussi bien nous asseoir à la même table.

Je n'aimais pas M. Kelada.

Non seulement nous partagions la même cabine et mangions trois fois par jour à la même table, mais je ne pouvais pas me promener sur le pont sans qu'il se joigne à moi. Impossible de le rabrouer. Il ne lui venait jamais à l'esprit qu'il pouvait être indésirable. Il était convaincu que vous aviez autant de plaisir à le voir que lui-même en avait en votre compagnie. Dans votre propre maison, vous auriez pu le précipiter à coups de pied au bas de l'escalier, puis lui claquer la porte au nez sans que le doute l'effleurât qu'il n'était pas le bienvenu. Il était à l'aise en société.

---

sand pounds a month : *gagner mille livres par mois, etc.*

9. **deck** : *pont d'un bateau.* **The upper deck** : *le pont supérieur. Pont (sur une rivière)* : **bridge.**

10. **without his joining me** : noter l'emploi de la forme en **-ing** après la préposition.

11. **to occur** : *survenir, se produire (évènement)* ; **it occurred to me…** : *il m'est venu à l'esprit, à l'idée.*

12. **that he was not wanted** : m. à m. *qu'il n'était pas voulu, qu'on ne voulait pas de lui.* **"Wanted"** : « *on recherche, recherché* » *(police).*

13. **to kick** : *donner un coup de pied, ruer (pour un animal)*

14. **to dawn** : *poindre (jour), paraître (aurore) ; naître, se faire jour (idée).* **Dawn** : *l'aube, l'aurore.* **At dawn** : *A l'aube, au point du jour.*

He was a good mixer[1], and in three days knew everyone on board[2]. He ran[3] everything. He managed the sweeps, conducted[4] the auctions[5], collected money for prizes[6] at the sports, got up quoit and golf matches, organized the concert, and arranged the fancy-dress ball. He was everywhere and always. He was certainly the best-hated man in the ship. We called him Mr Know-All, even to his face. He took it as a compliment.

But it was at meal times that he was most intolerable. For the better part of an hour[7] then he had us at his mercy[8]. He was hearty, jovial, loquacious and argumentative. He knew everything better than anybody else, and it was an affront to his overweening[9] vanity that you should disagree with him. He would not drop a subject, however unimportant, till he had brought you round to his way of thinking. The possibility that he could be mistaken never occurred to him. He was the chap[10] who knew. We sat at the doctor's table. Mr Kelada would certainly have had it all his own way, for the doctor was lazy and I was frigidly indifferent, except for a man called Ramsay who sat there also. He was as dogmatic as Mr Kelada and resented bitterly the Levantine's cocksureness[11]. The discussions they had were acrimonious and interminable.

Ramsay was in the American Consular Service, and was stationed at Kobe. He was a great heavy fellow from the Middle West[12], with loose[13] fat under a tight skin, and he bulged out of his ready-made[14] clothes.

---

1. m. à m. : *un bon mélangeur* : une personne qui sait s'adapter à son entourage, contr. **a bad, a poor mixer**.
2. **on board = aboard the ship**.
3. **to run** : *gérer, diriger*. **To run a firm** : *diriger une entreprise*.
4. En anglais moderne, **to conduct** a rarement le sens de *conduire, diriger*, sauf pour **to conduct an orchestra** : *diriger un orchestre*. **A conductor** : *un chef d'orchestre. Conduire une voiture* : **to drive. Un conducteur** : *a driver*.
5. **an auction (sale)** : *une vente aux enchères, à l'encan*. **An auctioneer** : *un commissaire-priseur*. **To auction goods** : *vendre des marchandises aux enchères*. **An auction room** : *une salle des ventes*.
6. **prize** : *un prix (récompense)*. **The Nobel prize** : *le prix Nobel*. **Price** : *prix (d'une chose)* ; **cost price** : *prix coutant, prix de revient*.

Au bout de trois jours, il connaissait tout le monde à bord. Il dirigeait tout : organisant des loteries, conduisant des ventes aux enchères, recueillant l'argent des prix sportifs, mettant sur pied des tournois de palet et de golf. Il s'occupa du concert et du bal costumé. Il était toujours partout. Il était certainement l'homme le plus mal-aimé du bateau. Nous l'appelions M. Je-sais-tout, même en sa présence. Il prenait cela pour un compliment.

Mais c'était aux repas qu'il était le plus insupportable. Pendant plus d'une demi-heure, il nous tenait alors à sa merci. Il était chaleureux, jovial, loquace et raisonneur. Il savait tout mieux que personne et être en désaccord avec lui faisait injure à sa vanité arrogante. Il n'abandonnait pas un sujet de conversation, aussi futile fût-il, avant de vous avoir gagné à son point de vue. La possibilité de se tromper ne lui venait jamais à l'esprit. Il était celui qui savait. Nous étions à la table du médecin du bord. M. Kelada aurait certainement tiré toute la couverture à lui, car le docteur était paresseux et j'étais d'une indifférence glaciale – n'eût-été la présence parmi nous d'un nommé Ramsay. Il était aussi dogmatique que M. Kelada et l'outrecuidance du Levantin l'exaspérait. Leurs discussions étaient hargneuses et interminables.

Ramsay appartenait aux services consulaires américains. Il était en poste à Kobé. C'était un homme grand et fort, originaire du Middle West, avec de la graisse molle sous sa peau tendue ; ses vêtements de confection le boudinaient.

---

7. m. à m. : *pendant la plus grande partie d'une heure.*
8. **mercy** : autre sens : *pitié.* **God, have mercy on us, poor sinners !** : *mon Dieu, ayez pitié de nous, pauvres pécheurs.*
9. **overweening** : *outrecuidant, présomptueux, suffisant*
10. **chap** : *type, gars.* Synonyme de **guy.**
11. **cocksure** = *arrogant.*
12. **The Middle West** : il s'agit de la partie septentrionale des Etats-Unis, entre les Appalaches et les Montagnes Rocheuses ; on utilise aussi l'expression : **Mid-West.**
13. **loose** : *mou, lâche, détendu ;* contr. **tight** : *serré, tendu.*
14. **ready-made** : *tout fait, de confection ;* contr. **made-to-measure, custom-made** : *fait sur mesure.*

He was on his way back to resume[1] his post, having been on a flying visit to New York to fetch his wife, who had been spending a year at home. Mrs Ramsay was a very pretty[2] little thing[3], with pleasant manners and a sense of humour[4]. The Consular[5] Service is ill paid[6], and she was dressed always very simply ; but she knew how to wear[7] her clothes. She achieved an effect of quiet distinction. I should not have paid any particular attention to her but that she possessed a quality that may be common enough in women, but nowadays is not obvious in their demeanour. You could not look at her without being struck by her modesty. It shone[8] in her like a flower on a coat[9].

One evening at dinner the conversation by chance drifted to the subject of pearls. There had been in the papers a good deal[10] of talk about the culture pearls which the cunning[11] Japanese were making, and the doctor remarked that they must inevitably diminish the value of real ones. They were very good already; they would soon be perfect. Mr Kelada, as was his habit, rushed[12] the new topic[13]. He told us all that was to be known about pearls. I do not believe Ramsay knew anything about them at all, but he could not resist the opportunity to have a fling at the Levantine, and in five minutes we were in the middle of a heated argument. I had seen Mr Kelada vehement and voluble before, but never so voluble and vehement as now. At last something that Ramsay said stung[14] him, for he thumped[15] the table and shouted :

---

1. **to resume** : faux ami : *reprendre, continuer, poursuivre*. **To resume a conversation** : *reprendre une conversation*. *Résumer :* **to sum up, to summarize**. *Un résumé :* **a summing-up, a summary**.
2. **pretty** ['prɪtɪ] : *jolie (pour une femme)*. **A handsome, a good-looking man** : *un bel homme*.
3. m. à m. : *une très jolie petite chose.* **Thing** est souvent employé au sens de : *être, créature.* **Poor little thing** ! : *pauvre petite !*
4. **to have a sense of humour** : *avoir le sens de l'humour*.
5. **consular** : *consulaire.* **A consul** : *un consul.* **A consulate** : *un consulat*.
6. **to be ill paid = to be badly paid = to be poorly paid** : *être mal payé*.
7. **to wear, wore, worn** : *porter des vêtements*.
8. **To shine, shone, shone** : *briller*.

Il allait rejoindre son poste après une bref séjour à New York pour aller chercher sa femme qui avait passé un an au pays. Madame Ramsay était une petite personne très jolie, affable et avec le sens de l'humour. Le service consulaire paie mal, aussi était-elle toujours habillée très simplement ; mais elle savait porter la toilette. Elle faisait preuve d'une distinction discrète. Je ne lui aurais pas prêté une attention particulière si elle n'avait pas possédé une qualité peut-être assez courante parmi les femmes, mais qui, de nos jours, n'est pas manifeste dans leur comportement. On ne pouvait pas la regarder sans être frappé par sa modestie, resplendissante comme une fleur à une boutonnière.

Un soir, au dîner, on en vint par hasard à parler de perles. Les journaux avaient abondamment parlé des perles de culture que les astucieux Japonais produisaient. Le docteur fit remarquer qu'elles allaient à coup sûr faire baisser la valeur des vraies. Elles étaient déjà très belles ; elles seraient bientôt parfaites. M. Kelada, comme à son habitude, s'empara de ce nouveau sujet de conversation. Il nous dit tout ce qu'il fallait savoir sur les perles. Je ne crois pas que Ramsay ait eu la moindre idée sur la question, mais l'occasion de river son clou au Levantin était trop belle. Cinq minutes plus tard, nous étions au milieu d'un débat passionné. Je connaissais la véhémence et la volubilité de M. Kelada, mais pas à ce point. Finalement, une remarque de M. Ramsay le piqua au vif car, frappant du poing sur la table, il s'écria :

---

9. m. à m. *comme une fleur sur un manteau.*
10. **a good deal of = a lot of = plenty of.**
11. **cunning** est à la fois un nom et un adjectif avec les sens respectifs de *ruse, astuce* pour le nom et de *rusé, malin, futé* pour l'adjectif.
12. **to rush :** *se précipiter, se dépêcher.* **The rush hour :** l'heure de pointe, d'affluence.
13. **topic :** *sujet, thème.* **The topic of the day :** *la question d'actualité.*
14. **to sting, stung, stung :** piquer. **I was stung by a bee :** *j'ai été piqué par une abeille.*
15. **to thump :** *marteler, cogner, frapper.*

"Well, I ought to know[1] what I am talking about. I'm going to Japan just to look into this Japanese pearl business. I'm in the trade and there's not a man in it who won't tell you that what I say about pearls goes. I know all the best pearls in the world, and what I don't know about pearls isn't worth knowing[2]."

Here was news for us[3], for Mr Kelada, with all his loquacity, had never told anyone what his business was. We only knew vaguely that he was going to Japan on some commercial errand[4]. He looked round the table triumphantly.

"They'll never be able to get a culture pearl that an expert like me can't tell with half an eye[5]." He pointed to a chain that Mrs Ramsay wore. "You take my word for it[6], Mrs Ramsay, that chain you're wearing will never be worth a cent less than it is now."

Mrs Ramsay in her modest way flushed[7] a little and slipped the chain inside her dress. Ramsay leaned[8] forward. He gave us all a look and a smile flickered[9] in his eyes.

"That's a pretty chain of Mrs Ramsay's, isn't it ?"

"I noticed it at once," answered Mr Kelada. "Gee[10], I said to myself, those are pearls all right."

"I didn't buy it myself, of course. I'd be interested to know how much you think it cost[11]."

"Oh, in the trade[12] somewhere round fifteen thousand dollars. But if it was bought on Fifth Avenue[13] I shouldn't be surprised to hear that anything up to thirty thousand was paid for it."

---

1. m. à m. *je devrais savoir.* **I ought to know = I should know.**
2. **to be worth + ing :** *valoir la peine de, mériter.* **This novel is worth reading :** *ce roman mérite d'être lu.*
3. **that is news to me :** *c'est du nouveau pour moi.* **News :** *la nouvelle, les nouvelles, le nouveau, le neuf.* Attention, le mot s'emploie avec un verbe au singulier. **Here is the news, this is the news :** *voici les nouvelles, le journal parlé, les informations.*
4. **to run errands :** *faire des commmissions, faire des courses.* On dirait plus volontiers aujourd'hui, **to go shopping.**
5. m. à m. *avec la moitié d'un œil.*
6. m. à m. : *vous prenez ma parole pour cela : vous pouvez en croire ma parole, je vous en donne ma parole, je vous en réponds.*
7. **to flush = to blush :** *rougir.*

– Écoutez, je sais de quoi je parle. Je vais justement au Japon pour en savoir plus sur cette affaire de perles. Je suis du métier et tous les professionnels vous diront que ce je dis sur les perles fait autorité. Je connais les plus belles perles du monde et ce que je peux ignorer en la matière ne vaut pas la peine d'être appris.

Ça c'était du nouveau, car M. Kelada, malgré sa loquacité, n'avait jamais dit à personne quelles étaient ses occupations. Nous savions seulement et sans plus de détails qu'il allait au Japon pour affaires. Son regard triomphant fit le tour de la table.

– Ils ne pourront jamais obtenir une perle de culture qu'un expert tel que moi ne puisse reconnaître du premier coup d'œil. Il montra du doigt le collier que portait Madame Ramsay. – Croyez-moi, Madame, le collier que vous portez ne perdra jamais un sou de sa valeur.

Madame Ramsay rougit un peu de modestie et glissa son collier dans sa robe. Ramsay se pencha en avant. Il nous regarda tous et un sourire passa dans son regard.

– Le collier de Madame Ramsay est bien joli, n'est-ce-pas ?

– Je l'ai remarqué tout de suite, répondit M. Kelada et je me suis dit, fichtre, ces perles sont des vraies.

– Ce n'est pas moi qui ai acheté ce collier, bien sûr, mais j'aimerais bien savoir à combien vous l'estimez.

– Oh, dans le commerce, aux environs de quinze mille dollars. Mais s'il avait été acheté sur la Cinquième Avenue, je ne serais pas surpris d'apprendre qu'il ait été payé jusqu'à trente mille dollars.

---

8. **to lean** est généralement un verbe irrégulier qui fait to **lean, leant, leant**. **She is leaning out of the window** : *elle se penche par la fenêtre.*

9. **to flicker** : *trembloter, vaciller, clignoter.*

10. **Gee** : c'est une interjection qui est la forme atténuée de **Jesus**. C'est tout simplement et phonétiquement la première syllabe du mot.

11. **to cost, cost, cost.**

12. m. à m. : *dans le commerce.* **Trade**, en général signifie *le commerce, les échanges.* **Home and foreign trade :** *le commerce intérieur et extérieur.* **The Board of Trade** : *le ministère du Commerce (anglais).* Dans un sens plus restreint, **trade** désigne *le métier, la profession.*

13. **Fifth Avenue** : La Cinquième Avenue, dans le quartier de Manhattan, à New-York, est l'artère du luxe et de l'élégance.

Ramsay smiled grimly[1].

"You'll be surprised to hear that Mrs Ramsay bought that string[2] at a department store[3] the day before we left New York, for eighteen dollars.

Mr Kelada flushed.

"Rot[4]. It's not only real, but it's as fine a string for its size as I've ever seen."

"Will you bet[5] on it ? I'll bet you a hundred dollars it's imitation."

"Done[6]."

"Oh, Elmer, you can't bet on a certainty," said Mrs Ramsay.

She had a little smile on her lips and her tone was gently deprecating.

"Can't I ? If I get a chance of easy money[7] like that I should be all sorts of a fool not to take it."

"But how can it be proved ?" she continued. "It's only my word[8] against Mr Kelada's."

"Let me look at the chain, and if it's imitation I'll tell you quickly enough. I can afford[9] to lose a hundred dollars," said Mr Kelada.

"Take it off, dear. Let[10] the gentleman look at it as much as he wants."

Mrs Ramsay hesitated a moment. She put her hands to the clasp.

"I can't undo it," she said. "Mr Kelada will just have to take my word for it."

---

1. **grim** : *menaçant, lugubre, sinistre.* **Grim humour** : *humour macabre, humour noir.*
2. On traduit ici **string** par *collier (de perle)* alors que **string** a normalement le sens de *ficelle.* **A piece of string** : *un morceau de ficelle.*
3. **A department store** est *un grand magasin.* **A chain store** est *un magasin à succursales multiples. Un grand magasin (grand par la taille)* est a **big, large store (shop).**
4. **rot** : au sens propre signifie *pourriture, putréfaction.* Au sens figuré : *foutaise, sottise.* **To rot** : *pourrir.* Adjectif : **rotten** : *pourri.*
5. **to bet, bet, bet. A bet** : *un pari, une gageure.* **The betting is twenty to one** : *la cote est à vingt contre un.*

Ramsay eut un rire sardonique.

– Vous serez surpris d'apprendre que Madame Ramsay a acheté ce collier dans un grand magasin, la veille de notre départ de New York, pour dix-huit dollars.

M. Kelada devint tout rouge.

– Sottise. Non seulement ce collier est authentique, mais pour sa taille je n'en ai jamais vu de plus beau.

– Voulez-vous parier ? Cent dollars que c'est un collier fantaisie.

– Pari tenu.

– Oh, Elmer, tu ne peux pas parier sur une certitude, dit Madame Ramsay.

Elle avait sur les lèvres un petit sourire et dans sa voix un petit ton de désapprobation.

Et pourquoi pas ? Je serais le roi des imbéciles si je laissais passer aussi facilement une occasion de gagner de l'argent.

– Mais comment le prouver ? reprit-elle. Ce n'est que ma parole contre celle de M. Kelada.

– Laissez-moi regarder ce collier. Si les perles sont fausses, je vous le dirai aussitôt. Je peux me permettre de perdre cent dollars, dit M. Kelada.

– Enlève ton collier, ma chérie. Que ce monsieur le regarde le temps qu'il voudra.

– Madame Ramsay eut un moment d'hésitation. Elle porta ses mains au fermoir.

– Je n' arrive pas à le défaire, dit-elle. M. Kelada devra me croire sur parole.

---

6. m. à m. : *fait.*
7. m. à m. : ...*si j'ai une chance d'argent facile.* **Easy money :** *facilités de paiement, crédit. Argent facile :* **money easily made, earned, won** (selon le cas).
8. **word** : mot a ici le sens de *parole.* **Take my word** : *croyez-moi sur parole* = **believe me.**
9. **I can afford** : *j'ai les moyens de. ; je peux me permettre de.* **I can't afford to buy a car :** *je n'ai pas les moyens de me payer une voiture.*
10. **Let me do it** : *laissez-moi faire* ; **let him do it** : *laissez lui faire / qu'il le fasse.*

I had a sudden suspicion that something unfortunate was about to occur[1], but I could think of nothing to say.

Ramsay jumped[2] up.

"I'll undo it."

He handed the chain to Mr Kelada. The Levantine took a magnifying[3] glass from his pocket and closely[4] examined it. A smile of triumph spread[5] over his smooth and swarthy face. He handed back the chain. He was about to[6] speak. Suddenly he caught sight of Mrs Ramsay's face.

It was so white that she looked as though she were[7] about to faint. She was staring at him with wide and terrified eyes. They held a desperate[8] appeal ; it was so clear that I wondered why her husband did not see it.

Mr Kelada stopped with his mouth open[9]. He flushed deeply. You could almost see the effort he was making over himself.

"I was mistaken[10]," he said. "It's a very good imitation, but of course as soon as I looked through my glass I saw that it wasn't real. I think eighteen dollars is just about as much as the damned thing's worth."[11]

He took out his pocket-book[12] and from it a hundred-dollar note. He handed it to Ramsay without a word.

"Perhaps that'll teach you not to be so cocksure[13] another time, my young friend," said Ramsay as he took the note[14].

I noticed that Mr Kelada's hands were trembling.

---

1. **was about to occur = was going to occur** : *allait se passer.*
To occur = to take place : *se produire, avoir lieu.*

2. **to jump** : *sauter, faire un bond.* **High jump** : *saut en hauteur.*
Long jump : *saut en longueur.*

3. **to magnify** ['mægnɪfaɪ] : *grossir, agrandir, amplifier.*

4. Attention à la prononciation de **closely** ['kləʊslɪ] **Closely** : *de près, tout près.*

5. **to spread, spread, spread** : *(s')étendre, (s')étaler.*

6. **to be about to** : *être sur le point de.*

7. **as though she were** : noter la forme **were**, qui est le subjonctif de **to be**. On pourrait aussi employer l'indicatif **as though she was. As though = as if** : *comme si.*

– J'eus soudain l'impression qu'un malheur allait se produire mais je ne trouvai rien à dire. M. Ramsay se leva d'un bond.

– Je vais le défaire.

Il tendit le collier à M. Kelada. Le Levantin sortit une loupe de sa poche pour l'examiner avec soin. Un sourire triomphant inonda son visage glabre et basané. Il rendit le collier. Il allait dire quelque chose lorsqu'il aperçut tout à coup le visage de Madame Ramsay.

Il était si pâle qu'elle donnait l'impression d'être sur le point de s'évanouir. Elle le fixait, les yeux écarquillés d'effroi. Leur supplication éperdue était si évidente que je me demandais comment son mari pouvait ne pas s'en apercevoir.

M. Kelada en resta bouche bée. Son visage s'empourpra. On pouvait presque voir l'effort qu'il faisait pour se maîtriser.

– Je me suis trompé, dit-il. C'est une très bonne imitation mais, évidemment, dès que je l'ai examiné à la loupe, j'ai vu que les perles étaient fausses. Je pense que ce fichu collier ne vaut pas plus de dix-huit dollars.

Il sortit son portefeuille et en retira un billet de cent dollars. Il le tendit à Ramsay sans mot dire.

– Cela vous apprendra peut-être, mon jeune ami, à être un peu moins sûr de vous, une autre fois, dit Ramsay en prenant le billet.

Je remarquai que M. Kelada avait les mains qui tremblaient.

---

8. **desperate** a un sens très fort : *éperdu, désespéré, au bord du désespoir.*

9. m. à m. *M. Kelada s'arrêta, sa bouche ouverte.*

10. **I was mistaken = I made a mistake** : *Je me suis trompé, j'ai fait une erreur.*

11. **to be worth** : *valoir.* **It is worth eight pounds** : *cela vaut huit livres.* **Worthless** : *sans valeur*

12. **pocket-book = wallet** : *portefeuille.*

13. **cocksure = arrogant.**

14. **note = banknote** : *billet de banque, coupure.*

The story spread over the ship as stories do, and he had to put up with a good deal of chaff that evening. It was a fine joke that Mr Know-All had been caught out. But Mrs Ramsay retired to her state-room with a headache.

Next morning I got up and began to shave. Mr Kelada lay on[1] his bed smoking a cigarette. Suddenly there was a small scraping[2] sound and I saw a letter pushed under the door. I opened the door and looked out. There was nobody there. I picked up the letter and saw that it was addressed[3] to Max Kelada. The name was written in block letters[4]. I handed it to him.

"Who's this from ?" He opened it. "Oh !"

He took out of the envelope[5], not a letter, but a hundred-dollar note. He looked at me and again he reddened[6]. He tore[7] the envelope into little bits and gave them to me.

"Do you mind[8] just throwing them out of the porthole ?"

I did as he asked, and then I looked at him with a smile.

"No one likes being made to look a perfect damned fool[9]," he said.

"Were the pearls real ?"

"If I had a pretty little wife I shouldn't let her spend a year in New York while I stayed at Kobe," said he.

At that moment. I did not entirely dislike Mr Kelada. He reached out for his pocket-book and carefully put in it the hundred-dollar note.

---

1. to lie, lay, lain : *être couché, être étendu.* **He was lying on his bed :** *il était étendu sur son lit.*

2. to scrape : *racler, gratter.* **A sky-scraper :** *un gratte-ciel.*

3. address : *adresse.* **The addressee :** *le destinataire.*

4. in block letters = in block capitals : *en majuscules.*

5. Attention à l'orthographe de envelope : *enveloppe.*

6. to redden = to blush = to flush : *rougir.*

L'histoire fit le tour du bateau, comme il fallait s'y attendre et il dut, ce soir là, supporter pas mal de plaisanteries. Qu'il était drôle que Monsieur Je-sais-tout ait été pris en défaut ! Madame Ramsay, souffrant de migraine, s'était retirée dans sa cabine.

Le lendemain matin, je me levai et j'entrepris de me raser. M. Kelada, étendu sur son lit, fumait une cigarette. Soudain, un léger grattement se fit entendre et j'aperçus une lettre qu'on glissait sous la porte. J'allai ouvrir et je jetai un coup d'œil dans le couloir. Il n'y avait personne. Je ramassai la lettre et vis qu'elle était adressée à Max Kelada. Le nom était écrit en majuscules. Je lui tendis la lettre.

– De qui ça peut-il être ? Oh ! dit-il en ouvrant l'enveloppe.

Il en sortit non pas une lettre mais un billet de cent dollars. Il me regarda, rougit une fois encore, puis déchira l'enveloppe en petits morceaux et me les remit.

– Voudriez-vous avoir l'obligeance de les jeter par le hublot ?

Je fis ce qu'il me demandait puis je le regardai en souriant.

– Personne n'aime passer pour un parfait imbécile, dit-il.

– Les perles étaient-elles authentiques ?

– Si j'avais une jolie petite femme, je ne la laisserais pas passer un an à New York pendant que je reste à Kobé.

A ce moment-là, je ne détestai pas tout à fait M. Kelada. Il prit son portefeuille et y rangea soigneusement le billet de cent dollars.

---

7. **to tear, tore, torn :** *déchirer*. Attention à la prononciation [teə^r] à ne pas confondre avec **tear** [tɪə^r] : *larme*
8. **Do you mind + ing :** *voulez- vous avoir l'obligeance ; voyez-vous un inconvénient à ?* **Do you mind opening the window ?** *Voudriez-vous avoir l'amabilité d'ouvrir la fenêtre ?*
9. **a fool :** *un idiot, un imbécile.*

A Friend in Need[1]

Un véritable ami

For thirty years now I have been studying my fellow[2]-men. I do not know very much about them. I should certainly hesitate to engage[3] a servant on his face, and yet I suppose it is on the face that for the most part we judge the persons we meet. We draw our conclusions from the shape of the jaw, the look in the eyes, the contour of the mouth. I wonder if we are more often right than wrong. Why novels and plays are so often untrue to life[4] is because their authors, perhaps of necessity[5] make their characters[6] all of a piece. They cannot afford[7] to make them self-contradictory, for then they become incomprehensible, and yet self-contradictory is what most of us are. We are a haphazard bundle[8] of inconsistent qualities. In books on logic they will tell you that it is absurd to say that yellow is tubular or gratitude heavier than air ; but in that mixture of incongruities that makes up the self[9] yellow may very well be a horse and cart[10] and gratitude the middle of next week. I shrug my shoulders[11] when people tell me that their first impressions of a person are always right[12]. I think they must have small insight[13] or great vanity. For my own part I find that the longer I know people the more[14] they puzzle me : my oldest friends are just those of whom I can say that I don't know the first thing about them.

---

1. **A friend in need :** ce titre est le début du proverbe : **A friend in need is a friend indeed :** m. à m. : *un ami, quand on en a besoin, est un ami en vérité C'est dans le besoin que l'on reconnaît ses amis.*
2. **fellow :** *camarade, compagnon.* **A fellow-countryman :** *un compatriote.* **A fellow-student** : *un camarade d'études, un condisciple.* Autre sens courant = *homme, type* = **guy, chap**.
3. **to engage = to hire** : *engager, recruter.*
4. **true to life :** *naturel, vraisemblable.*
5. **of necessity = out of necessity** : *par nécessité, nécessairement.*
6. **character** : *personnage (dans un roman, une pièce de théâtre). Caractère :* **nature, disposition. To be good-natured** : *avoir bon caractère.* **To be bad-tempered** : *avoir mauvais caractère.*

Cela fait maintenant trente ans que j'étudie mes sem-blables. Je ne sais pas grand-chose à leur sujet. J'hésiterais certainement à engager un domestique sur sa mine et pourtant, je suppose que c'est sur la mine, que pour l'essentiel, nous jugeons les gens que nous rencontrons. Nous tirons nos conclusions de la forme d'une mâchoire, d'une façon de regarder, du dessin d'une bouche. Je me demande si nous avons plus souvent raison que tort. La raison pour laquelle les romans et les pièces de théâtre sont si souvent peu natu-relles, c'est que leurs auteurs, peut-être par nécessité, créent leurs personnages tout d'une pièce. Ils ne peuvent pas se permettre de les faire se contredire, car ils devien-draient alors incompréhensibles et pourtant en contradic-tion avec nous-mêmes, c'est ce que nous sommes la plupart d'entre nous. Nous sommes un ensemble fortuit de qualités contradictoires. Dans les traités de logique, on déclare qu'il est absurde de dire que le jaune est tubulaire ou que la gra-titude est plus lourde que l'air ; mais, dans ce mélange incongru que constitue le moi, le jaune peut très bien être une voiture à cheval et la gratitude le milieu de la semaine prochaine. Je hausse les épaules quand les gens me disent que leur première impression est toujours la meilleure. Je pense qu'ils doivent être peu perspicaces ou très vaniteux. Pour ma part, je trouve que, plus je connais les gens, plus ils me déconcertent : mes plus vieux amis sont précisément ceux dont je peux dire que j'ignore tout à leur sujet.

---

7. **I can't afford to buy a car** : *je n'ai pas les moyens de m'acheter une voiture.*
8. **a bundle** : *un paquet (de linge), un ballot (de marchandises).*
9. **self** : *le moi, la personnalité, l'individu.*
10. **a horse and cart** : m. à m. : *un cheval et voiture (charette)*
11. **I shrug my shoulders** : *je hausse les épaules.*
12. **to be right** : *avoir raison.* **To be wrong** : *avoir tort.*
13. **insight** : *perspicacité, pénétration, intuition.*
14. **the longer... the more** = m. à m. *plus longtemps... plus.* Structure grammaticale exprimant l'accroissement parallèle ; par exemple : **The more I work, the better I feel** : *plus je tra-vaille, mieux je me porte.*

These reflections[1] have occurred to me because I read in this morning's paper that Edward Hyde Burton had died at Kobe. He was a merchant[2] and he had been in business in Japan for many years. I knew him very little, but he interested me because once he gave me a great surprise. Unless I had heard the story from his own lips I should never have believed that he was capable of such an action. It was more startling[3] because both in appearance and manner he suggested a very definite type. Here if ever was a man all of a piece. He was a tiny[4] little fellow, not much more than five feet four[5] in height[6], and very slender, with white hair, a red face much wrinkled[7], and blue eyes. I suppose he was about sixty when I knew him. He was always neatly and quietly dressed in accordance with his age and station[8].

Though his offices were in Kobe, Burton often came down to Yokohama. I happened[9] on one occasion to be spending a few days there, waiting for a ship, and I was introduced[10] to him at the British Club. We played bridge together. He played a good game and a generous one. He did not talk very much, either then or later when we were having drinks, but what he said was sensible[11]. He had a quiet, dry humour[12]. He seemed to be popular at the club and afterwards, when he had gone, they described him as one of the best[13]. It happened that we were both staying at the Grand Hotel and next day he asked me to dine with him.

---

1. **reflection = reflexion. Reflexion** est plus rare et il est surtout réservé au vocabulaire scientifique.
2. En anglais moderne **merchant** n'a plus que le sens de *négociant* à l'exception de **wine merchant** (*marchand de vin*) et de **coal merchant** (*marchand de charbon*). **The merchant navy :** *la marine marchande.* Le mot *marchand* pourra, le plus souvent, se traduire par **shopkeeper.** Autre traduction de *marchand :* **tradesman.**
3. **to startle sbd :** *faire sursauter, surprendre qqn.*
4. **tiny :** *minuscule, tout petit.*
5. **five feet four (inches) :** *environ un mètre soixante.*
6. Attention à la prononciation [həit] L'adjectif correspondant est **high** [hai]. On utilisera généralement **tall** pour les mensurations humaines : **He is six foot /feet tall :** *il mesure un mètre quatre-vingt-deux.* **Weight :** *le poids.*

Ces réflexions me sont venues à l'esprit parce que j'ai lu dans le journal de ce matin qu'Edouard Hyde Burton était mort à Kobé. C'était un négociant qui avait exercé au Japon pendant de nombreuses années. Je le connaissais à peine, mais il m'intéressait parce qu'il m'avait, une fois, fait une très grosse surprise. Si je n'avais pas entendu cette histoire de sa propre bouche, je ne l'aurais jamais cru capable d'un tel agissement. Elle était d'autant plus étonnante que son physique ainsi que ses manières dénotaient un type humain bien déterminé. Si jamais il y eut un homme tout d'une pièce, c'était bien celui-là. Il était tout petit, il ne mesurait pas plus d'un mètre soixante, très mince, les cheveux blancs, un visage rougeaud très ridé, les yeux bleus. Je suppose qu'il devait avoir la soixantaine quand je fis sa connaissance. Il était toujours vêtu avec une simplicité de bon goût comme il convenait à son âge et à sa situation.

Bien que ses bureaux fussent à Kobé, Burton venait souvent à Yokohama. Il arriva qu'une fois j'y séjournai quelques jours dans l'attente d'un bateau et je lui fus présenté au Cercle britannique. Nous fîmes une partie de bridge ensemble. Il jouait bien et n'était pas regardant. Il ne parlait pas beaucoup, pas plus pendant la partie qu'après, quand nous prenions un verre, mais ce qu'il disait était plein de bon sens. Il avait un humour mordant sous une apparence calme. Il semblait être très populaire au Cercle et après son départ, tout le monde le décrivit comme un type très bien. Il se trouvait que nous étions tous les deux descendus au Grand Hôtel et le lendemain, il m'invita à dîner.

---

7. **A wrinkle** : *une ride.*
8. **station in life** : *situation sociale, condition.* On dirait plus couramment aujourd'hui **position in in life, status.**
9. **to happen to** : *arriver par hasard.* **She happened to meet him in Paris** : *elle le rencontra par hasard à Paris.*
10. **to introduce sbd to sbd** : *présenter qqn à qqn.* **Who is going to introduce us ?** : *Qui va faire les présentations ?*
11. **sensible** est un faux-ami : *raisonnable, sensé.* **Sensible** : *sensitive.*
12. **dry humour** : *humour mordant, caustique.* **A man of dry humour** : *un pince sans rire.*
13. m. à m. : *ils le décrivirent comme l'un des meilleurs*

I met his wife, fat, elderly[1], and smiling, and his two daughters. It was evidently a united and affectionate family. I think the chief thing that struck me about Burton was his kindliness[2]. There was something very pleasing[3] in his mild blue eyes. His voice was gentle[4] ; you could not imagine that he could possibly raise it in anger[5] ; his smile was benign. Here was a man who attracted you because you felt in him a real love for his fellows. He had charm. But there was nothing mawkish in him : he liked his game of cards and his cocktail, he could tell with point a good and spicy story[6], and in his youth he had been something of an athlete[7]. He was a rich man and he had made every penny[8] himself. I suppose one thing that made you like him was that he was so small and frail[9] ; he aroused your instincts of protection. You felt that he could not bear to hurt a fly[10].

One afternoon I was sitting in the lounge of the Grand Hotel. This was before the earthquake and they had leather arm-chairs there. From the windows you had[11] a spacious view of the harbour with its crowded[12] traffic. There were great liners on their way to Vancouver and San Francisco or to Europe by way of Shanghai, Hong Kong, and Singapore ; there were tramps[13] of all nations, battered and sea-worn, junks[14] with their high sterns[15] and great coloured sails, and innumerable sampans. It was a busy, exhilarating scene, and yet, I know not why, restful to the spirit. Here was romance[16] and it seemed that you had but to stretch out your hand to touch it.

---

1. **elderly** : *d'un certain âge.* **The elderly** : *les personnes âgées, le troisième âge.*
2. **kindliness = kindness**, ce dernier mot étant plus fréquent.
3. **pleasing = pleasant**, ce dernier est d'un emploi plus fréquent.
4. **gentle** n'a pas le sens de *gentil* en anglais moderne (à l'exception de la forme figée **gentleman** : *gentilhomme*) mais de *doux, modéré*, l'équivalent de **soft** pour une voix. Sur le plan stylistique, il est intéressant de constater le procédé d'approximation synonymique utilisé par Somerset Maugham : **kindliness** au lieu de **kindness**, **pleasing** pour **pleasant**, **gentle** pour **soft** et plus bas **benign** pour **gentle**.
5. **anger** : l'adjectif correspondant est **angry**. **I am angry with you** : *je suis en colère, irrité contre vous.*
6. m. à m. : *une histoire épicée.* **Spice** : *épice, aromate.*
7. m. à m. : *il avait été quelque chose d'un athlète.*
8. **To earn an honest penny** : *gagner honnêtement sa vie.* **To earn one's living** : *gagner sa vie.*

Je fis la connaissance de sa femme, grosse, assez âgée et souriante et de ses deux filles. C'était, à l'évidence, une famille unie et qui s'aimait bien. Je crois que ce qui m'avait le plus frappé chez Burton, c'était sa gentillesse. Il y avait quelque chose de très agréable dans le tendre regard de ses yeux bleus. Il avait une voix douce ; il était inimaginable qu'il pût jamais l'élever sous l'empire de la colère ; il avait un doux sourire. Voilà un homme qui attirait parce qu'on sentait chez lui un véritable amour pour son prochain. Il avait du charme. Mais il était dépourvu de sensiblerie : il aimait bien sa partie de cartes et son cocktail. Il savait raconter des gaudrioles avec piquant et dans sa jeunesse il avait fait de l'athlétisme. Il était riche et avait amassé sa fortune sou par sou. Je crois que ce qui le rendait aimable, c'est qu'il était si petit et si frêle ; il éveillait votre instinct de protection. Vous aviez l'impression qu'il ne pouvait pas faire de mal à une mouche.

Un après-midi, j'étais assis dans le salon du Grand Hôtel. C'était avant le tremblement de terre et il y avait encore des fauteuils en cuir. Des fenêtres, on avait une vue magnifique sur le port avec son intense trafic. Il y avait de grands paquebots en partance pour Vancouver et San Francisco ou pour l'Europe via Shangai, Hong-Kong et Singapour ; il y avait des cargos de toutes les nationalités, tout cabossés et rongés par l'eau de mer, des jonques à la poupe élevée et aux grandes voiles de couleur et une multitude de sampans. C'était un spectacle animé et exaltant et cependant, je ne sais pas pourquoi, reposant pour l'esprit. On était en plein romanesque et on aurait dit qu'il suffisait de tendre la main pour le toucher.

---

9. **frail = delicate, fragile** ['frædʒaɪl].
10. m. à m : *qu'il ne pourrait pas supporter de faire mal à une mouche.*
11. m. à m : *vous aviez.* L'emploi de **you** sert à rendre l'impersonnel. Il en est de même de **we** et de **they.**
12. **crowded** : m. à m : *encombré, bondé.*
13. **tramps** : il s'agit de cargos sans lignes régulières. On parle alors de *bateaux à la cueillette.* Le sens le plus courant de **tramp** est *vagabond, clochard.* Pensez au célèbre film de Charlie Chaplin : *The Tramp.* Quant à *cargo,* le mot anglais le plus courant est **cargo-ship.** Le mot **cargo** ne désigne pas le bateau mais la *cargaison.*
14. Le sens le plus courant de **junk** en anglais moderne *camelote, pacotille.*
15. **stern** : il s'agit de l'arrière du bateau. **The bow** : *l'avant, la proue.*
16. **romance** : mot qui désigne aussi bien le *romanesque,* que le *romantique.*

Burton came into the lounge[1] presently[2] and caught sight of me. He seated himself[3] in the chair next to mine.

"What do you say to a little drink ?"

He clapped4[4] his hands for a boy and ordered two gin fizzes. As the boy brought them a man passed along the street outside and seeing me waved his hand.

"Do you know Turner ?" said Burton as I nodded a greeting.

"I've met him at the club. I'm told he's a remittance man[5]."

"Yes, I believe he is. We have a good many here."

"He plays bridge well."

"They generally do. There was a fellow here last year, oddly enough a namesake[6] of mine, who was the best bridge player I ever met. I suppose you never came across[7] him in London. Lenny Burton he called himself. I believe he'd belonged to some very good clubs."

"No, I don't believe I remember the name[8]."

"He was quite a remarkable player. He seemed to have an instinct about the cards. It was uncanny[9]. I used to play with him a lot. He was in Kobe for some time."

Burton sipped his gin fizz.

"It's rather[10] a funny[11] story," he said. "He wasn't a bad chap[12]. I liked him. He was always well-dressed and smart-looking. He was handsome in a way with curly hair and pink-and-white cheeks. Women thought a lot of him[13]."

---

1. **lounge** : *salon (dans un hôtel).* Dans une maison on parlerait de **drawing room** ou mieux encore de **sitting room**.

2. **presently** : *bientôt, tout à l'heure.*

3. **to seat oneself** : *s'asseoir, s'installer sur un siège.* Plus formel évidemment que to **sit (down)**

4. **to clap** : *frapper dans ses mains, applaudir.*

5. **a remittance man** : (une espèce aujourd'hui disparue), était un fils de famille, expédié aux colonies où il vivait de l'argent que lui envoyaient ses parents. **To remit** : *envoyer des fonds.* **A remittance** : *un envoi de fonds, un versement.* Attention à la prononciation de ces mots avec l'accent sur la *deuxième* syllabe.

C'est alors que Burton fit son entrée dans le salon et qu'il m'aperçut. Il vint s'asseoir dans un fauteuil à côté de moi.

– Et si on prenait quelque chose ?

Il frappa dans ses mains pour appeler un garçon et commanda deux gin-fizz. Au moment où le garçon nous servait, un homme passa dans la rue et, en me voyant, il me fit un signe de la main.

– Vous connaissez Turner ? me dit Burton alors que je lui faisais un signe de la tête.

J'ai fait sa connaissance au Cercle. On m'a dit que c'était un propre à rien.

– Oui, je crois que c'est la vérité. Il n'est pas le seul dans son genre par ici.

– C'est un bon joueur de bridge.

– Oui, c'est en général le cas. L'an dernier, il y avait un type, curieusement, il portait le même nom que moi, qui était le meilleur joueur de bridge que j'aie jamais rencontré. Je suppose que vous ne l'avez jamais rencontré à Londres. Il s'appelait Lenny Burton. Je crois qu'il avait appartenu à quelques très bons clubs.

– Non, ce nom ne me dit rien.

– C'était un joueur tout à fait remarquable. Il semblait avoir le don des cartes. C'était mystérieux. Je jouais très souvent avec lui. Il séjourna quelque temps à Kobé.

Burton sirotait son gin-fizz.

– C'est une histoire plutôt bizarre, dit-il. Ce n'était pas un mauvais bougre. Je l'aimais bien. Il était toujours bien habillé et avec élégance. Il était assez joli garçon avec ses cheveux bouclés et ses joues rose pâle. Les femmes en étaient folles.

---

6. **namesake** : *homonyme.*

7. **to come across = to meet or find by chance** : *rencontrer ou trouver par hasard*

8. m. à m. : *non, je ne crois pas que je me souvienne du nom*

9. **uncanny** a aussi le sensi de : *sinistre, surnaturel, inquiétant.*

10. on pourrait dire aussi : **it's a rather funny story**

11. le sens le plus courant de **funny** est bien entendu *drôle, amusant*

12. **chap** a le sens de *type, individu.* On pourrait dire aussi **guy.**

13. m. à m. *les femmes pensaient beaucoup à lui.*

There was no harm in him[1], you know, he was only wild. Of course he drank too much. Those sort[2] of fellows always do. A bit of money used to come in for him once a quarter[3] and he made a bit more by card-playing. He won[4] a good deal of mine, I know that."

Burton gave a kindly chuckle. I knew from my own experience that he could lose[5] money at bridge with a good grace. He stroked his shaven[6] chin with his thin hand ; the veins stood out on it and it was almost transparent.

"I suppose that is why he came to me when he went broke[7], that and the fact that he was a namesake of mine. He came to see me in my office one day and asked me for a job. I was rather surprised. He told me that there was no more money coming from home and he wanted to work. I asked him how old he was.

"'Thirty-five,' he said.

"'And what have you been doing hitherto[8] ?' I asked him.

"'Well, nothing very much[9],' he said.

"I couldn't help laughing[10].

"'I'm afraid I can't do anything for you just yet,' I said. 'Come back and see me in another thirty-five years, and I'll see what I can do.'"

"He didn't move. He went rather pale. He hesitated for a moment and then he told me that he had had bad luck[11] at cards for some time. He hadn't been willing[12] to stick[13] to bridge, he'd been playing poker, and he'd got trimmed. He hadn't a penny[14].

---

1. m. à m : *il n'y avait pas de mal en lui*. **To harm = to do harm** : *faire mal*. **Harmful** : *nuisible, nocif ; pernicieux*. **Harmless** : *inoffensif, sans défense ; anodin*.

2. **sort** peut s'employer indifféremment avec ou sans **s** et par conséquent peut fonctionner comme un collectif mais avec des marques plurielles, ici : **those** et le verbe à la troisième personne du pluriel.

3. **a quarter** : *un trimestre calendaire* ;. A aussi le sens de *quart*. **A term** : *un trimestre scolaire et/ou universitaire*.

4. **to win, won, won**. Quand l'argent est gagné en travaillant, on utilisera le verbe **to earn**. **He earns £ 2,000 a month** : *il gagne 2 000 livres par mois.*

5. **to lose, lost, lost** : *perdre*. Attention à l'orthographe du verbe à l'infinitif. Ne pas confondre avec l'adjectif **loose** : *ample, lâche* contr. **tight** : *serré*.

Il n'était pas méchant, vous savez, mais il menait une vie déréglée. Bien sûr, il buvait trop. Ils sont tous pareils. Tous les trimestres, il recevait un peu d'argent et il en gagnait un peu plus en jouant aux cartes. Pour sûr, il a gagné beaucoup du mien.

Burton eut un petit rire bienveillant. Je savais, par expérience, qu'il pouvait perdre de l'argent au bridge de bonne grâce. Il caressa son menton rasé de sa main maigre ; les veines en ressortaient et la peau était presque transparente.

– C'est pour cette raison, je suppose, qu'il s'est adressé à moi quand il n'eut plus un sou, pour ça et à cause de notre patronyme commun. Un beau jour, il vint me voir au bureau pour me demander du travail. Je fus plutôt surpris. Il me dit qu'il ne recevait plus d'argent de chez lui et qu'il voulait travailler. Je lui demandai son âge.

– Trente-cinq ans, dit-il.

– Et qu'est-ce que vous avez fait jusqu'à présent ? demandai-je.

– Ma foi, pas grand-chose, dit-il.

Je ne pus m'empêcher de rire.

– Pour le moment, je crains de ne pouvoir rien faire pour vous, dis-je. Revenez dans trente-cinq ans et je verrai ce que je peux faire.

Il ne bougea pas. Il devint tout pâle. Il hésita un instant, puis il me dit que depuis quelque temps il avait eu de la malchance aux cartes. Il n'avait pas voulu se contenter du bridge, il avait joué au poker et il avait pris une déculottée. Il ne lui restait plus un sou.

---

6. **shaven** est un adjectif, le plus souvent utilisé en composition : **clean-shaven** ou **close-shaven** : *rasé de près*. Le verbe **to shave** est régulier.

7. **to be broke** : *être sans le sou ; être à sec ; être fauché*.

8. **hitherto** : *jusqu'ici*. Il s'agit d'un adverbe désuet remplacé aujourd'hui par **up to now, until now.**

9. **nothing very much** : m. à m. *rien beaucoup.*

10. **can't help + -ing** : *ne pas pouvoir s'empêcher de.*

11. **he had had bad luck = he had not been lucky** : *il n'avait pas eu de chance.* **Good luck** ! : *bonne chance.* **Bad luck = poor luck** : *pas de chance, pas de veine.*

12. **to be willing** : *vouloir bien.* **I am willing to help you** : *je veux bien vous aider.*

13. **to stick, stuck, stuck.**

14. m. à m. : *il n'avait pas un penny.*

He'd pawned[1] everything he had. He couldn't pay his hotel bill[2] and they wouldn't give him any more credit. He was down and out[3]. If he couldn't get something to do he'd have to commit suicide[4].

"I looked at him for a bit. I could see now that he was all to pieces[5]. He'd been drinking more than usual and he looked fifty. The girls wouldn't have thought so much of him if they'd seen him then.

"'Well, isn't there anything you can do except play cards ?' I asked him.

"'I can swim[6],' he said.

"'Swim !'

"I could hardly believe my ears[7] : it seemed such an insane[8] answer to give.

"'I swam for my university.'

"I got some glimmering[9] of what he was driving at[10]. I've known too many men who were little tin gods[11] at their university to be impressed by it.

"'I was a pretty[12] good swimmer myself when I was a young man,' I said.

Suddenly I had an idea.

Pausing in his story, Burton turned to me.

"Do you know Kobe ?" he asked.

"No," I said, "I passed through it once, but I only spent[13] a night there."

---

1. **to pawn** : *mettre en gage, mettre au mont-de-piété, mettre au clou*. **A pawnbroker** : *un prêteur sur gages.*
2. **a bill** : *une facture, une note, une addition*. **To foot the bill** : *payer la note, passer à la caisse, "casquer".*
3. **to be down and out** : *être sans argent, sans un sou, être ruiné.*
4. **to commit suicide = to kill oneself**. **He got/was killed in a car accident** : *Il s'est tué dans un accident de voiture.*
5. **to go to pieces** : *perdre tous ses moyens, s'écrouler.*
6. **I can swim** : *je peux, je sais nager*. **Can** indique la capacité, la compétence et partant le savoir. On pourrait dire aussi : **I know how to swim. to swim, swam, swum** : *nager* **Swimming** : *la natation, la nage*. **A swimmer** : *un nageur*
7. m. à m. : *je pouvais à peine croire mes oreilles*. **Hardly** est un adverbe semi-négatif avec le sens de *pratiquement pas, à*

Il avait mis au clou tout ce qu'il possédait. Il ne pouvait pas payer sa note d'hôtel et on ne voulait plus lui faire crédit. Il était au bout de son rouleau. S'il ne pouvait pas trouver de travail, il ne lui restait plus qu'à se suicider.

– Je le regardai un instant. Je voyais maintenant qu'il avait perdu tous ses moyens. Il avait bu plus qu'à l'habitude et il avait l'air d'avoir cinquante ans. Les femmes n'auraient pas été aussi folles de lui si elles l'avaient vu à ce moment là.

– Bon, à part jouer aux cartes, y a-t-il quelque chose que vous sachiez faire ? lui demandai-je.

– Je sais nager, dit-il.

– Nager ! Je n'en croyais pas mes oreilles ; cela semblait une réponse tellement insensée.

– J'ai nagé pour mon université.

– Je comprenais vaguement où il voulait en venir. J'ai connu trop d'hommes qui étaient de petits dieux en toc à l'université pour me laisser impressioner.

– J'étais assez bon nageur moi-même dans ma jeunesse, dis-je.

Subitement, il me vint une idée.

Interrompant son récit, Burton se tourna vers moi.

– Vous connaissez Kobé ? me demanda t-il.

– Non, répondis-je, j'ai traversé la ville une fois et je n'y ai passé qu'une nuit.

---

peine, très peu. **I hardly see them these days** : *je ne les vois pratiquement pas ces temps-ci.*
8. **insane = mad**. *Insane est plutôt le terme médical.*
9. **glimmering** : *faible, vague lueur.* **To glimmer** : *émettre une faible lueur.* **A glimmer of hope** : *une lueur d'espoir.*
10. **What are you driving at ?** : *Où voulez-vous en venir ? Quel but poursuivez-vous ?*
11. m. à m. : *dieux en étain, en fer blanc.* **A tin soldier** : *un soldat de plomb.* **A tin** : *une boite de conserves.*
12. **pretty** *ne veut pas dire* joli ; *il sert à modifier l'adjectif qui le suit avec le sens de : plutôt, assez*
13. **to spend, spent, spent** : *dépenser ; passer (du temps).*

"Then you don't know the Shioya Club. When I was a young man I swam from there round the beacon and landed[1] at the creek[2] of Tarumi. It's over three miles and it's rather difficult on account[3] of the currents[4] round the beacon. Well, I told my young namesake about it and I said to him that if he'd do it I'd give him a job.

"I could see he was rather taken aback.

"'You say you're a swimmer[5],' I said.

"'I'm not in very good condition,' he answered.

"I didn't say anything. I shrugged my shoulders. He looked at me for a moment and then he nodded[6].

"'All right,' he said. 'When do you want me to do it ?'

"I looked at my watch. It was just after ten.

"'The swim shouldn't take you much over an hour and a quarter. I'll drive round to the creek at half past twelve and meet you. I'll take you back to the club to dress[7] and then we'll have lunch together.'

"'Done,' he said.

"We shook[8] hands. I wished him good luck and he left me. I had a lot of work to do that morning and I only just managed to get to the creek at Tarumi at half past twelve. But I needn't[9] have hurried[10], he never turned up[11]."

"Did he funk[12] it at the last moment ?" I asked.

"No, he didn't funk it. He started all right. But of course he'd ruined his constitution by drink and dissipation[13].

---

1. **to land** : *atterrir ; mettre le pied à terre, débarquer.*
2. **creek** : c'est aussi une *petite rivière.*
3. **on account of = because of** : *à cause de.*
4. **current** : *courant (eau) ; courant (électrique). Un courant d'air :* **a draught** [drɑːft / (US) dræft].
5. m. à m. *que vous êtes un nageur.*
6. **to nod** : *saluer de la tête.* Autres sens : *somnoler, s'assoupir.*
7. m. à m. *pour vous habiller.*
8. **to shake, shook, shaken.**
9. **needn't** + infinitif passé s'emploie pour exprimer le fait qu'une action qui n'était pas nécessaire a cependant été

– Alors vous ne connaissez pas le Cercle Shioya. Quand j'étais jeune, je partai de là à la nage, je contournai la balise et mettais pied à terre à la crique de Tarumi. Ça fait plus de cinq kilomètres assez difficiles à cause des courants qu'il y a autour de la balise. Eh bien, j'en parlai à mon jeune homonyme et lui dis que s'il y parvenait, je lui donnerai du travail.

– Je vis qu'il était plutôt décontenancé.

– Vous dites que vous êtes bon nageur, dis-je.

– Je ne suis pas en très grande forme, répondit-il.

– Je ne dis rien. Je haussai les épaules. Il me regarda un instant, puis fit oui de la tête.

– D'accord, dit-il. Quand voulez-vous j'y aille ?.

Je regardai ma montre. Il était à peine plus de dix heures.

– Vous ne devriez pas mettre beaucoup plus d'une heure et quart pour faire le parcours. Je me rendrai en voiture à la crique à midi et demi pour vous attendre. Je vous ramènerai au Cercle pour vous changer, puis nous déjeunerons ensemble.

– Entendu, dit-il.

Nous nous serrâmes la main. Je lui souhaitai bonne chance et il me quitta. J'avais beaucoup de travail à faire ce matin là et ce n'est que de justesse que j'arrivai à la crique de Tarumi à midi et demi. Mais je n'avais pas besoin de me dépêcher ; il n'est jamais arrivé.

– Est-ce qu'il a eu la trouille au dernier moment ? demandai-je.

– Non, pas du tout. Il est bien parti. Mais bien sûr, l'alcool et les plaisirs avaient ruiné sa santé.

---

accomplie. **Need** est utilisé ici comme verbe auxiliaire pour exprimer l'absence d'obligation, de préférence au verbe ordinaire **to need**.

10. **to hurry** : *se dépêcher, se hâter.* **Hurry up** : *dépêchez-vous !* **No hurry** : *cela ne presse pas.* **In a hurry** : *à la hâte, en courant.*

11. **to turn up = to come = to arrive.**

12. **to funk** (*fam.*) : *avoir très peur, avoir une peur bleue, avoir les foies, avoir la trouille.*

13. **dissipation** ici s'entend au sens fort de *vie dissipée, dissolue. Un élève dissipé* : **a restless pupil.**

The currents round the beacon were more than he could manage. We didn't get the body for about three days."

I didn't say anything for a moment or two. I was a trifle[1] shocked. Then I asked Burton a question.

"When you made him that offer of a job, did you know he'd be drowned[2] ?"

He gave a little mild[3] chuckle[4] and he looked at me with those kind and candid[5] blue eyes of his. He rubbed his chin with his hand[6].

"Well, I hadn't got a vacancy[7] in my office at the moment."

---

1. **a trifle** a ici valeur de locution au sens de *un peu, un tout petit peu.* Autres sens de **trifle** : *bagatelle, vétille, chose de peu d'importance.*
2. **he was / got drowned :** *il s'est noyé (accidentellement).* **He drowned himself :** *il s'est noyé (volontairement).*
3. **mild** : *doux.* **A mild climate** : *un climat tempéré.*
4. m. à m. : *il émit un petit rire doux et étouffé.* **To chuckle :** *1) rire sous cape 2) glousser.*

100

Les courants qu'il y avait autour de la balise étaient trop forts pour lui. Le corps ne fut retrouvé que trois jours après.

– Je restai silencieux pendant quelques minutes. J'étais quelque peu choqué. Puis je posai une question à Burton.

– Quand vous lui avez offert du travail, saviez-vous qu'il allait se noyer ?

Il eut un petit rire doucereux et il me regarda de ses yeux bleus, bons et sincères. Il se frotta le menton de la main.

– Ma foi, à l'époque, je n'avais pas d'emploi vacant dans mes bureaux.

---

5. **candid :** *franc, sincère.* **Candid camera** : *la caméra cachée.*
6. m. à m. : *il frotta son menton avec sa main.* **To rub** : *frotter, effacer.*
7. **a vacancy = a vacant job / post**. **Vacancies** : *offres d'emploi* ; dans un autre contexte : *chambres disponibles.*

Louise

Louise

I could never understand why Louise bothered[1] with me. She disliked me and I knew that behind my back, in that gentle way of hers[2], she seldom[3] lost the opportunity of saying a disagreeable[4] thing about me. She had too much delicacy ever to make a direct statement[5], but with a hint[6] and a sigh and a little flutter of her beautiful hands she was able to make her meaning plain[7]. She was a mistress of cold praise. It was true that we had known one another[8] almost intimately, for five-and-twenty years, but it was impossible for me to believe that she could be affected by the claims[9] of old association. She thought me a coarse[10], brutal, cynical, and vulgar fellow. I was puzzled[11] at her not taking the obvious course and dropping me. She did nothing of the kind ; indeed, she would[12] not leave me alone[13], she was constantly asking me to lunch and dine with her and once or twice a year invited me to spend a week-end at her house in the country. At last I thought that I had discovered her motive. She had an uneasy suspicion that I did not believe in her ; and if that was why she did not like me, it was also why she sought[14] my acquaintance[15] : it galled her that I alone should look upon her as a comic figure[16] and she could not rest till I acknowledged myself mistaken and defeated.

---

1. **to bother** : *se faire du souci, se tracasser.* **Don't bother** : *ne vous en faites pas, ne vous cassez pas la tête.*
2. Emploi idiomatique courant du pronom possessif postposé. **A friend of mine** : *un de mes amis.*
3. **seldom = rarely** : *rarement.*
4. **disagreeable = unpleasant. To disagree (with)** : *être en désaccord (avec).* :
5. **a statement** : *une déclaration, une affirmation.* **A bank statement** : *un relevé bancaire.*
6. **hint** : *insinuation, allusion ; suggestion, indication*
7. m. à m. : *elle était capable de rendre son intention évidente.* **Plain = evident, clear.**
8. **we had known one another...** = **we had known each other.** : *nous nous connaissions.* **One another** et **each other** sont des pronoms réciproques. Ils sont depuis longtemps interchangeables bien que **one another** soit d'un plus fréquent lorsqu'il est question de plus de deux personnes. Mais **we looked at**

Je n'ai jamais compris pourquoi Louise se souciait de moi. Elle ne m'aimait pas et je sais que, derrière mon dos, avec sa gentilllesse habituelle, elle ne ratait pratiquement jamais une occasion de dire des choses désagréables sur mon compte. Elle avait bien trop de délicatesse pour faire une remarque directe mais avec une allusion, un soupir, un petit mouvement de ses belles mains elle savait parfaitement se faire comprendre. Elle excellait dans l'art du compliment glacé. Il est vrai que nous nous connaissions presque intimement depuis vingt-cinq ans, mais il m'était impossible de croire qu'elle pouvait être sensible aux droits que confère une fréquentation de longue date. Elle me trouvait grossier, brutal, cynique et vulgaire. Je me demandais pourquoi elle ne me laissait pas tomber, ce qui était la seule chose à faire. Mais elle n'en fit rien et même elle ne me laissait jamais en paix ; elle m'invitait tout le temps à déjeuner ou à dîner et une ou deux fois par an m'invitait à passer le week-end dans sa maison de campagne. Je pensais enfin avoir découvert ses raisons. Elle me soupçonnait de ne pas la croire et cela l'ennuyait ; et si c'était bien la raison pour laquelle elle ne m'aimait pas, c'était aussi la raison pour laquelle elle recherchait ma compagnie. Elle était vexée que je sois le seul à la considérer comme une comédienne et elle n'aurait de cesse tant qu'elle ne m'aurait pas fait reconnaître mon erreur et partant ma défaite.

---

ourselves in the mirror : *nous nous sommes regardés dans la glace*. Il s'agit ici d'un pronom réfléchi.
9. **the claims** = *les demandes, les droits, les revendications*.
10. **coarse** : *grossier, vulgaire*.
11. **to be puzzled** : *être intrigué, déconcerté, étonné*. **A puzzle** : *une énigme*
12. Ici **would** n'est pas un conditionnel mais un fréquentatif ; il sert donc à exprimer l'habitude et correspond à l'imparfait avec ou sans toujours.
13. **Leave me alone** : *laissez-moi seul ! laissez-moi tranquille ! fichez-moi la paix !*
14. **to seek, sought, sought** : *chercher, rechercher*.
15. **acquaintance** : *personne de connaissance, connaissance*
16. **a comic figure** : *un personnage comique*. Mais ici on traduira par une personne qui joue la comédie. **A comic actor** : *un comédien, un acteur comique*. Autres sens de **figure** : *1) silhouette ; 2) chiffre*.

Perhaps she had an inkling[1] that I saw the face behind the mask and because I alone held out was determined that sooner or later I too should take the mask for the face. I was never quite certain that she was a complete humbug[2]. I wondered whether she fooled[3] herself as thoroughly[4] as she fooled the world or whether there was some spark[5] of humour at the bottom of her heart. If there was it might be that she was attracted to me, as a pair of crooks[6] might be attracted to one another, by the knowledge that we shared a secret that was hidden[7] from everybody else.

I knew Louise before she married. She was then a frail, delicate girl with large and melancholy[8] eyes. Her father and mother worshipped[9] her with an anxious adoration, for some illness[10], scarlet fever[11] I think, had left her with a weak heart and she had to take the greatest care of herself. When Tom Maitland proposed[12] to her they were dismayed, for they were convinced that she was much too delicate for the strenuous state of marriage. But they were not too well off[13] and Tom Maitland was rich. He promised to do every thing in the world for Louise and finally they entrusted[14] her to him as a sacred charge. Tom Maitland was a big, husky fellow, very good-looking[15] and a fine athlete. He doted on Louise. With her weak heart he could not hope to keep her with him long and he made up his mind to do everything he could to make her few years on earth happy.

---

1. **an inkling** : *un soupçon.*
2. **a humbug** : *une mystification, une farce, un canulard.*
3. **to fool sbd.** : *duper, tromper.* **A fool** : *un idiot, un imbécile.* **Don't play the fool** : *ne faites pas l'imbécile !*
4. **thoroughly = completely, totally. A thorough examination** : *un examen complet, poussé.*
5. **a spark** : *une étincelle.*
6. **a crook** : *un filou, un coquin.* **By hook or by crook** : *par tous les moyens, coûte que coûte.*
7. **to hide, hid, hidden** : *cacher, se cacher.* **They hide behind the curtain** : *ils se cachent derrière le rideau.* **A hide** : *une cachette.* **To play hide and seek** : *jouer à cache-cache (à se cacher et à chercher).*
8. **melancholy** ['mɛlənkəlɪ] est à la fois nom et adjectif.

Peut-être se doutait-elle que j'avais découvert le vrai visage derrière le masque et, parce que j'étais le seul à lui résister, elle était bien décidée à tout faire pour que, tôt ou tard, je prenne le masque pour le vrai visage. Je n'ai jamais été tout à fait sûr de sa totale imposture. Je me demandais si elle se trompait elle-même aussi complètement qu'elle trompait le monde ou si au fond de son cœur, elle n'avait pas quelque lueur d'humour. Dans ce cas, il se pouvait qu'elle fût attirée vers moi, comme deux escrocs sont attirés l'un vers l'autre, parce qu'elle savait que nous partagions un secret que tous les autres ignoraient.

J'avais connu Louise avant son mariage. C'était alors une frêle et délicate jeune fille avec de grands yeux pleins de mélancolie. Ses parents l'entouraient d'une adoration angoissée, car une maladie, la scarlatine je crois, lui avait laissé des séquelles au cœur qui exigeaient les plus grandes précautions. Quand Tom Maitland demanda sa main, ses parents furent consternés car ils étaient convaincus qu'elle était beaucoup trop délicate pour supporter les rigueurs du mariage. Mais ils n'étaient pas très fortunés et Tom Maitland était riche. Il promit de tout faire pour Louise et, finalement, ils la lui confièrent comme une charge sacrée. Tom Maitland était un grand gaillard, très beau garçon et très athlétique. Il adorait Louise. Avec son cœur malade, il ne pouvait pas espérer la garder bien longtemps, aussi décida-t-il de faire tout son possible pour que ses dernières années de vie soient heureuses.

---

9. **to worship :** 1) adorer, idolâtrer 2) prier un Dieu. **A place of worship :** un lieu de culte, de prière.

10. **illness :** maladie. **To be ill :** être malade. Autre traduction de maladie : **disease.**

11. **to have a fever, to run a fever :** avoir de la fièvre. **Scarlet :** rouge, écarlate.

12. **to propose** est un faux ami qui a le sens de demander en mariage. **Proposer :** to offer ; to put forward.

13. **to be well off = to be rich.**

14. **to entrust sbd./sth. to sbd.** : confier qqn./qqchose à qqn. **To entrust sbd. with sth** : charger qqn. de qqch. **He was entrusted with the selling of the house :** on lui confia/ il fut chargé de la vente de la maison.

15. **to be good-looking = to be handsome :** être beau, joli garçon.

He gave up the games he excelled in, not because she wished him to, she was glad that he should play golf and hunt[1], but because by a coincidence she had a heart attack whenever he proposed to leave her for a day. If they had a difference of opinion she gave in[2] to him at once[3], for she was the most submissive wife a man could have, but her heart failed her and she would be laid up, sweet and uncomplaining[4], for a week. He could not be such a brute as to cross her. Then they would have quite a little tussle about which should yield[5] and it was only with difficulty that at last he persuaded her to have her own way[6]. On one occasion seeing her walk eight miles on an expedition that she particularly wanted to make, I suggested to Tom Maitland that she was stronger than one would have thought. He shook[7] his head and sighed.

"No, no, she's dreadfully delicate. She's been to all the best heart specialists in the world and they all say that her life hangs[8] on a thread. But she has an unconquerable spirit[9]."

He told her that I had remarked on her endurance.

"I shall pay for it tomorrow," she said to me in her plaintive way. "I shall be at death's door."

"I sometimes think that you're quite strong enough to do the things you want to," I murmured[10].

I had noticed that if a party[11] was amusing she could dance till five in the morning, but if it was dull she felt very poorly[12] and Tom had to take her home early.

---

1. **to hunt** : *chasser à courre.* **Hunting** : *la chasse à courre.* **A huntsman, a hunter** : *un chasseur.* **Shooting** : *la chasse à tir, au fusil.*
2. **to give in = to give up** : *céder, renoncer, abandonner.*
3. **at once = immediately, without delay.**
4. m. à m. *qui ne se plaint pas,* d'où *résigné(e), patient(e).* **To complain (about)** : *se plaindre (de).* **A complaint** : *une plainte ; une réclamation.*
5. **to yield = to give up** (voir note 2).
6. **do it your own way** : *faites comme vous l'entendez, à votre manière à votre guise.*
7. m. à m. : *il secoua sa tête.* **To shake, shook, shaken.**

Il abandonna les sports dans lesquels il excellait, non pas parce qu'elle l'avait souhaité – elle était contente qu'il joue au golf et qu'il chasse à courre – mais, parce que, par coïncidence, elle avait une crise cardiaque chaque fois qu'il se proposait de la quitter pour la journée. S'ils avaient un différend, elle cédait aussitôt, car elle était la plus soumise des épouses mais le cœur lui manquait et elle restait couchée une semaine, gentille et résignée. Il n'avait pas la cruauté de la contrarier. Ils avaient ensuite une petite dispute pour savoir qui devrait céder et ce n'est pas sans difficulté qu'il parvenait à la persuader d'agir à sa guise. Un jour, après l'avoir vue faire les treize kilomètres d'une randonnée à laquelle elle tenait tout particulièrement, je fis entendre à Tom Maitland qu'elle était plus robuste qu'il n'y paraissait. Il secoua la tête en soupirant :

– Non, non, elle est terriblement fragile. Elle a consulté tous les meilleurs cardiologues du monde et ils disent tous que sa vie ne tient qu'à un fil. Mais elle a un courage indomptable.

Il lui dit que j'avais remarqué sa résistance.

– Je vais le payer demain, me dit-elle d'une voix plaintive. Je serai à l'article de la mort.

– J'ai parfois l'impression que vous êtes suffisamment forte pour faire les choses que vous voulez faire, murmurai-je.

J'avais remarqué que si la soirée était amusante, elle pouvait danser jusqu'à cinq heures du matin, mais si elle était ennuyeuse, elle ne sentait pas bien du tout et Tom devait la ramener à la maison de bonne heure.

---

8. **to hang, hung, hung** : *pendre, suspendre*. La forme régulière : **hanged** est employé lorsqu'il s'agit *de pendaison* ; **the murderer was hanged this morning** : *le meurtrier a été pendu ce matin*.

9. **spirit = courage, energy**. Autres sens : *esprit et alcool*.

10. **to murmur = to whisper.**

11. **party** : *réception, réunion d'invités ; parti politique*. **To give a party** : *recevoir, donner une réception, une soirée*

12. **poorly** : ici ce n'est pas un adverbe au sens de *pauvrement* mais un adjectif attribut au sens de *malade, en mauvaise santé*. **He looks poorly** : *il a mauvaise mine.*

I am afraid she did not like my reply[1], for though she gave me a pathetic little smile I saw no amusement in her large blue eyes.

"You can't very well expect me to fall down dead just to please you," she answered.

Louise outlived[2] her husband. He caught his death of cold[3] one day when they were sailing[4] and Louise needed all the rugs there were to keep her warm. He left her a comfortable[5] fortune and a daughter. Louise was inconsolable. It was wonderful that she managed to survive the shock. Her friends expected her speedily[6] to follow poor Tom Maitland to the grave. Indeed they already felt dreadfully sorry for Iris, her daughter, who would be left an orphan. They redoubled their attentions towards Louise. They would not let her stir[7] a finger ; they insisted on doing everything in the world to save her trouble[8]. They had to, because if she was called upon to do anything tiresome[9] or inconvenient her heart went back on her and there she was at death's door. She was entirely lost without a man to take care of her, she said, and she did not know how, with her delicate health, she was going to bring up[10] her dear Iris. Her friends asked why she did not marry again. Oh, with her heart it was out of the question, though of course she knew that dear Tom would have wished her to, and perhaps it would be the best thing for Iris if she did ; but who would want to be bothered with a wretched[11] invalid like herself ?

---

1. **reply = answer.**
2. **to outlive** : *survivre.* **He will outlive us all** : *il nous enterrera tous.*
3. **to catch cold** : *attraper froid.* **To catch a cold** : *attraper un rhume.*
4. m à m. : *alors qu'ils faisaient du voilier, de la voile.* **To sail** : *faire du bateau, aller en bateau, naviguer, voguer.* **They sailed round the world** : *ils ont fait le tour du monde en bateau.*
5. *Attention à l'orthographe des mots* **comfortable et comfort** : *confortable et confort.*
6. **speedily = rapidly = quickly. Speed** : *la vitesse.*

Ma réponse, je le crains, ne fut pas à son goût car, malgré le petit sourire pathétique qu'elle me fit, je ne vis pas la moindre lueur amusée dans ses grands yeux bleus.

– Je ne peux quand même pas tomber raide morte, simplement pour vous faire plaisir, répondit-elle.

Louise enterra son mari. Il mourut d'un refroidissement qu'il avait attrapé en bateau, un jour où Louise avait besoin de toutes les couvertures pour se réchauffer. Il lui laissa une fortune confortable et une fille. Louise fut inconsolable. C'était un miracle qu'elle ait pu surmonter le choc. Ses amis s'attendaient à la voir rejoindre rapidement le pauvre Tom Maitland dans sa tombe. Bien plus, ils s'affligeaient déjà pour Iris, sa fille, qui resterait orpheline. Ils redoublèrent d'attention pour Louise. Ils lui interdisaient de bouger le petit doigt ; ils tenaient à faire tout ce qui était possible pour lui éviter les soucis. Il le fallait bien, car si elle devait faire quoique ce soit de fatigant ou d'ennuyeux, son cœur la trahissait et elle se retrouvait à l'article de la mort. Elle était complètement perdue sans un homme pour s'occuper d'elle, disait-elle, et elle se demandait comment elle allait faire, avec sa santé délicate, pour élever sa chère Iris. Ses amis lui demandaient pourquoi elle ne se remariait pas. Oh, mais avec son cœur, il n'en était pas question, bien qu'elle fût sûre que son cher Tom l'aurait voulu et ce serait peut-être bien la meilleure chose à faire dans l'intérêt d'Iris ; mais qui voudrait s'embarrasser d'une pauvre infirme comme elle ?

---

7. **to stir** : *bouger, remuer.*

8. **trouble** : *peine, souci, tourment.*

9. **tiresome = tiring** : *fatigant.* Attention, le participe présent s'orthographie *fatiguant.*

10. **to bring, brought, brought. To bring up a child** : *élever un enfant.* **A well brought-up child** : *un enfant bien élevé.*

11. Attention à la prononciation de **wretched** [ˈretʃid] Le **w** est muet. Il en est de même pour tous les mots commençant par **wr** : **wreckage** *(naufrage),* **wren** *(roitelet),* **write** *(écrire),* **wrist** *(poignet)* **wrong** *(tort)* etc. **Wretched** : *misérable, malheureux, infortuné.* **A poor wretch** : *un pauvre diable.*

Oddly[1] enough more than one young man showed himself quite ready to undertake[2] the charge and a year
after Tom's death she allowed George Hobhouse to lead
her to the altar. He was a fine, upstanding[3] fellow and he
was not at all badly off[4]. I never saw anyone so grateful
as he for the privilege of being allowed to take care of
this frail little thing.

"I shan't live to trouble you long," she said.

He was a soldier[5] and an ambitious one, but he
resigned[6] his commission[7]. Louise's health forced her to
spend the winter at Monte Carlo and the summer at
Deauville. He hesitated a little at throwing[8] up his
career, and Louise at first would not hear of[9] it ; but at
last she yielded as she always yielded, and he prepared
to make his wife's last few years as happy as might be.

"It can't be very long now," she said. "I'll try not to be
troublesome."

For the next two or three years Louise managed,
notwithstanding[10] her weak heart, to go beautifully
dressed to all the most lively parties, to gamble[11] very
heavily, to dance and even to flirt with tall slim young
men. But George Hobhouse had not the stamina[12] of
Louise's first husband and he had to brace himself now
and then[13] with a stiff[14] drink for his day's work as
Louise's second husband. It is possible that the habit
would have grown on him, which Louise would not have
liked at all, but very fortunately (for her) the war[15]
broke[16] out.

---

1. **odd** : *bizarre, étrange.* Autre sens : *impair* ; **An odd number** :
un nombre impair. **An even number** : *un nombre pair.*
2. **to undertake** : *entreprendre, se charger de.* Attention au sens
particulier de **undertaker** : *entrepreneur des pompes funèbres.*
3. **upstanding = strong and healthy** : *fort et en bonne santé.*
4. **to be badly off** : *être dans la gêne* ; contr. **to be well off = to
be rich** : *être riche.*
5. Attention à l'emploi obligatoire de **a** dans l'expression : **he
was a soldier** : *il était soldat.* De même : **he was a doctor** : *il
était médecin.*
6. **to resign** : *démissionner.* **To hand in/out one's resignation** :
remettre sa démission.
7. **commission** : *brevet d'officier. Une commission* : **1) a com-
mittee 2) a commission, a fee.**
8. **to throw, threw, thrown. To throw up = to abandon.** Autre
sens : *vomir.*

Aussi bizarre que cela puisse paraître, nombreux furent les jeunes gens qui se montrèrent tout à fait prêts à assumer cette charge et un an après la mort de Tom, elle permettait à Georges Hobhouse de la conduire à l'autel. C'était un bel homme, bien bâti, qui jouissait d'une confortable aisance. Je n'ai jamais vu quelqu'un d'aussi reconnaissant d'avoir le privilège et le droit de s'occuper de cette frêle créature.

– Je ne vous embêterai pas longtemps, lui dit-elle.

Il était militaire avec de l'ambition mais il donna sa démission. Pour sa santé, Louise était forcée de passer l'hiver à Monte-Carlo et l'été à Deauville. Il hésita un peu à abandonner sa carrière car Louise ne voulut tout d'abord pas en entendre parler ; mais, comme à son habitude, elle se laissa fléchir et il s'apprêta à rendre les dernières années de sa femme aussi heureuses que possible.

– Je n'en ai plus pour longtemps, disait-elle. Je tâcherai de ne pas vous gêner.

Au cours des deux ou trois années qui suivirent, Louise trouva le moyen, malgré sa maladie de cœur, d'aller, dans de splendides toilettes, aux réceptions les plus animées, de jouer gros jeu, de danser et même de flirter avec des jeunes gens grands et minces. Mais Georges Hobhouse n'avait pas la vigueur du premier mari de Louise et, de temps à autre, il se tapait un bon verre d'alcool pour se donner la force d'affronter la journée comme second mari de Louise. A la longue, l'habitude l'aurait emporté, ce que Louise n'aurait pas du tout apprécié mais fort heureusement (pour elle) la guerre éclata.

---

9. **to hear of :** *entendre parler de.* **To hear from :** *avoir des nouvelles de.*
10. **notwithstanding = in spite of, despite :** *malgré, en dépit de.*
11. **to gamble = to play games of chance for money :** *risquer de l'argent au jeu, jouer.* **Gambling :** *le jeu.* **Gambler :** *un joueur.*
12. **stamina :** *endurance, résistance, vigueur.*
13. **now and then = from time to time.**
14. **stiff :** *raide.* **A stiff drink = a strong drink :** *une boisson forte, très alcoolisée.*
15. **the war :** il s'agit de la Première Guerre mondiale (1914-1918).
16. **to break, broke, broken** = *casser, briser.*

He rejoined his regiment and three months later was killed. It was a great shock to Louise. She felt, however, that in such a crisis[1] she must not give way to a private grief[2] ; and if she had a heart attack nobody heard of it. In order to distract her mind she turned her villa at Monte Carlo into a hospital for convalescent officers. Her friends told her that she would never survive the strain[3].

"Of course it will kill me," she said, "I know that. But what does it matter ?[4] I must do my bit[5]."

It didn't kill her. She had the time of her life[6]. There was no convalescent home in France that was more popular[7]. I met her by chance in Paris[8]. She was lunching at the Ritz with a tall and very handsome young Frenchman. She explained that she was there on business connected with the hospital. She told me that the officers were too charming to her. They knew how delicate she was and they wouldn't let her do a single thing. They took care of her[9], well — as though they were all her husbands. She sighed.

"Poor George, who would ever have thought[10] that I with my heart should survive him ?"

"And poor Tom !" I said.

I don't know why she didn't like my saying that[11]. She gave me her plaintive smile and her beautiful eyes filled with tears.

"You always speak as though[12] you grudged[13] me the few years that I can expect to live."

---

1. **crisis**, pl. **crises** ['kraɪsɪs, 'kraɪsiːz] : *une crise ; les crises, des crises.*
2. **grief = deep sorrow** : *chagrin, affliction.*
3. **strain** : *effort, tension*
4. **what does it matter ?** : *quelle importance ?, qu'importe ?* **It doesn't matter** : *cela n'a aucune importance ; c'est sans importance.*
5. **to do one's bit** : *payer de sa personne, y mettre du sien, apporter son concours.* Pendant la Première Guerre mondiale (1914-1918), l'expression **I did my bit** signifiait *j'ai servi mon pays, j'ai fait mon devoir.*
6. **to have the time of one's life** : *bien s'amuser, avoir du bon temps, se payer du bon temps.*
7. **popular** : *en vogue, à la mode.*

Il rejoignit son régiment et trois mois plus tard, il se faisait tuer. Ce fut un grand choc pour Louise. Elle comprit cependant que dans une telle période de crise, elle ne devait pas céder à un chagrin personnel et si elle eut une crise cardiaque, personne n'en entendit parler. Pour se changer les idées, elle transforma sa villa de Monte-Carlo en hôpital pour officiers convalescents. Ses amis lui dirent qu'elle ne supporterait jamais une telle tension.

– J'en mourrai, c'est évident, dit-elle. Je le sais, mais qu'importe ? Je dois payer de ma personne.

Elle n'en mourut pas. Elle ne s'était jamais autant amusée. Il n'y avait pas en France de maison de convalescence plus recherchée. Je la rencontrai par hasard à Paris. Elle déjeunait au Ritz avec un jeune Français, grand et très beau garçon. Elle m'expliqua qu'elle était là pour des affaires concernant l'hôpital. Elle me dit que les officiers étaient trop aimables avec elle. Ils savaient à quel point elle avait une santé délicate et ils ne lui laissaient pas faire la moindre chose. Ils s'occupaient d'elle, ma foi, comme s'ils étaient tous ses maris. Elle soupira.

– Pauvre Georges, qui aurait pu penser que je lui survivrais, avec le cœur que j'ai.

– Et ce pauvre Tom, ajoutai-je.

J'ignore pourquoi ma remarque lui déplut. Elle m'adressa son sourire plaintif et ses beaux yeux s'emplirent de larmes.

– Vous me parlez toujours comme si vous aviez l'air de me reprocher les quelques années qui me restent encore à vivre.

---

8. **I met her by chance in Paris = I chanced to meet her in Paris** : *je l'ai rencontrée par hasard à Paris.*

9. **To take care (of)** : *s'occuper (de), prendre soin (de)*. **Take care ! = be careful !** : *prenez soin de vous, faites attention à vous.*

10. **to think, thought, thought. A thought** : *une pensée.*

11. m. à m. : *je ne sais pas pourquoi elle n'a pas aimé que je dise ça.* On pourrait dire aussi : **she didn't like me to say that, she didn't like my saying that.**

12. **as though = as if** : *comme si.*

13. **to grudge** : *reprocher, trouver à redire.* **To have a grudge against sbd., to bear sbd. a grudge** : *en vouloir à qqn., avoir une dent contre qqn.*

"By the way[1], your heart's much better, isn't it ?"

"It'll never be better[2]. I saw a specialist this morning and he said I must be prepared for the worst[3]."

"Oh, well, you've been prepared for that for nearly twenty years now, haven't you ?"

When the war came to an end Louise settled[4] in London. She was now a woman of over forty, thin[5] and frail still, with large eyes and pale cheeks, but she did not look a day more than twenty-five. Iris, who had been at school and was now grown[6] up, came to live with her.

"She'll take care of me[7]," said Louise. "Of course, it'll be hard on her to live with such a great invalid[8] as I am, but it can only be for such a little while[9], I'm sure she won't mind[10]."

Iris was a nice girl. She had been brought up with the knowledge that her mother's health was precarious. As a child[11] she had never been allowed to make a noise[12]. She had always realized[13] that her mother must on no account be upset. And though Louise told her now that she would not hear of her sacrificing herself for a tiresome old woman the girl simply would not listen[14]. It wasn't a question of sacrificing herself, it was a happiness to do what she could for her poor dear mother. With a sigh her mother let her do a great deal.

---

1. **by the way** = *au fait, pendant que j'y pense.*
2. **it'll never be better** = **it will never...**
3. **(the) worst** est le superlatif de **bad** ; le comparatif est **worse**.
4. **to settle** : *s'établir, s'installer, se fixer.* **A settlement** : 1) *installation* 2) *colonie* 3) *règlement.*
5. **thin** : *mince* ; contr. **thick** : *épais*. **Through thick and thin** = *in spite of all difficulties* : *malgré tout*. **A friend through thick and thin** : *un ami à toute épreuve.*
6. **to grow, grew, grown** = *pousser, croître, grandir.* **A grown-up** = *un(e) adulte.* **Grown-ups** : *des adultes.*
7. **to take care of sbd.** = **to look after sbd** : *prendre soin de qqn., s'occuper de qqn.*
8. Attention à l'ordre des mots : **such an invalid** : *une telle infirme.* **An invalid** = *a disabled person.*
9. **a little while** = **a little period of time** : *un petit moment.*
10. **she won't mind** : *elle n'y verra pas d'inconvénient, elle le fera volontiers.* **I don't mind** : *cela m'est égal.*

116

– Au fait, votre cœur va beaucoup mieux, n'est-ce-pas ?
– Il n'ira jamais mieux. j'ai vu un spécialiste ce matin qui m'a dit qu'il fallait que je m'attende au pire.

– Ma foi, voilà maintenant bientôt vingt ans que vous vous y attendez, n'est-ce pas ?

La guerre terminée, Louise s'installa à Londres. Elle avait maintenant quarante ans passés. Elle était toujours mince et fragile, avec de grands yeux et des joues pâles, mais on ne lui aurait pas donné plus de vingt-cinq ans. Iris, qui était déjà grande et avait fini ses études, vint habiter avec elle.

– Elle s'occupera de moi, dit Louise. Bien sûr, ce sera dur pour elle de vivre avec une infirme comme moi mais ce sera seulement pour un tout petit moment. Je suis sûre qu'elle ne m'en voudra pas.

Iris était une jeune fille charmante. Elle avait été élevée dans l'idée que la santé de sa mère était précaire. Quand elle était enfant, on ne lui avait jamais permis de faire du bruit. Elle avait toujours compris que sa mère ne devait sous aucun prétexte être contrariée. Et bien que Louise lui dise qu'elle ne voulait pas entendre parler de sacrifice pour une vieille femme assommante comme elle, elle refusait tout simplement d'écouter. Il n'était pas question pour elle de sacrifice, c'était une joie, au contraire, de faire tout ce qu'elle pouvait pour sa chère maman. Tout en soupirant, sa mère lui laissait faire beaucoup de choses.

---

11. **as a child** = when she was a child.

12. **to make a noise** : *faire du bruit* : noter l'emploi de **a** dans un certain nombre d'expressions similaires comme : **to make a fire** : *faire du feu*, **to make an impression on** : *faire impression sur*, etc.

13. **to realize** : *comprendre, se rendre compte. Réaliser un rêve* : **to make a dream come true.**

14. m. à m. : *la fille ne voulait simplement pas écouter.* Ici, comme plus haut dans **she would not hear. would** n'est pas un conditionnel mais a sa pleine valeur de verbe de volonté : *vouloir absolument*, et ce à toutes les personnes. Examples : **I will not listen to you** : *je refuse de vous écouter* ; **she would not hear of it** : *elle ne voulait pas en entendre parler.* Attention à la prononciation de **listen** ['lɪsən], le **t** est muet dans des verbes comme **to fasten** (*attacher, fixer solidement*), **to glisten** (briller, miroiter), **to hasten** (se dépêcher), etc.

"It pleases the child to think she's making herself useful[1]," she said.

"Don't you think she ought[2] to go out and about more ?" I asked.

"That's what I'm always telling her. I can't get her to enjoy herself[3]. Heaven knows, I never want anyone to put themselves[4] out on my account."

And Iris, when I remonstrated with her, said :" Poor dear mother, she wants me to go[5] and stay with friends and go to parties, but the moment I start off anywhere she has one of her heart attacks, so I much prefer to stay at home."

But presently[6] she fell in love. A young friend of mine, a very good lad, asked her to marry him and she consented. I liked the child and was glad that she was to be given at last the chance to lead[7] a life of her own[8]. She had never seemed to suspect that such a thing was possible. But one day the young man came to me in great distress and told me that his marriage[9] was indefinitely postponed. Iris felt that she could not desert her mother. Of course it was really no business of mine[10], but I made the opportunity to go and see[11] Louise. She was always glad to receive her friends at tea-time and now that she was older she cultivated the society of painters and writers.

"Well, I hear that Iris isn't going to be married," I said after a little[12].

---

1. **make** + nom /pronom + adjectif : *(se) rendre*. **To make people happy** : *rendre les gens heureux* ; **it makes me sad** : *cela me rend triste, etc.*
2. **she ought to = she should** : *elle devrait.*
3. **to enjoy oneself** : *s'amuser, prendre du bon temps, se divertir.*
4. Ne pas s'étonner de voir le pronom indéfini **anyone** suivi d'un pronom réfléchi pluriel (ou d'un pronom personnel) alors qu'on s'attendrait normalement à un singulier ; cela permet de donner à la phrase une portée générale et d'éviter d'avoir à indiquer le sexe de la personne dont on parle.
5. Noter la structure : **want** + complément + infinitif complet : **I want you to come** : *je veux que vous veniez.* * **I want that** est impossible.

– Ça lui fait plaisir à cette enfant de penser qu'elle se rend utile, disait-elle.

– Ne croyez-vous pas qu'elle devrait sortir plus souvent ? demandai-je.

– C'est ce que je n'arrête pas de lui dire. Je n'arrive pas à la faire s'amuser. Et Dieu sait que je n'ai jamais voulu qu'on se mette en quatre pour moi.

Et Iris me dit, quand je lui en fis la remontrance : Pauvre chère maman, elle veut que j'aille chez des amis, que j'aille à des soirées, mais à peine suis-je partie qu'elle a une de ces crises cardiaques, aussi, je préfère de beaucoup rester à la maison.

Mais bientôt elle tomba amoureuse. Un jeune ami à moi, un très gentil garçon lui demanda de l'épouser ; elle accepta. J'aimais cette enfant et j'étais content qu'elle ait enfin la chance de vivre sa propre vie. Appparemment, elle n'avait jamais envisagé qu'une telle chose fût possible. Mais un jour, le jeune homme vint me voir très affligé et me dit que son mariage était repoussé indéfiniment. Iris sentait qu'elle ne pouvait pas abandonner sa mère. Évidemment, cela ne me regardait pas mais je m'arrangeai pour aller voir Louise. Elle était toujours heureuse de recevoir ses amis à l'heure du thé et maintenant avec l'âge, elle cultivait la compagnie des peintres et des écrivains.

– Eh bien, j'apprends qu'Iris ne se marie plus, dis-je, au bout d'un instant.

---

6. **presently** : faux ami : *bientôt*.

7. **to lead, led, led** : *conduire, mener*. On pourrait dire aussi **to live a life**.

8. m. à m. : *une vie qui lui soit propre, bien à elle*.

9. Attention à l'orthographe de **marriage** : *mariage*. **To marry** : *se marier*. **Will you marry me ?** *Voulez-vous m'épouser ?*

10. **that is my business** : *c'est mon affaire, cela me regarde*. **Mind your own business !** : *occupez-vous de vos affaires (oignons)* ! .

11. **to go and** + verbe : **to go and live** : *aller habiter*, **to go and see** : *aller voir* ; **to go and fetch** : *aller chercher*.

12. **after a little = after a little while**. Le mot **while** est sous-entendu.

"I don't know about that. She's not going to[1] be married quite as soon as I could have wished. I've begged[2] her on my bended knees[3] not to consider me, but she absolutely refuses to leave me."

"Don't you think it's rather hard on her ?[4]"

"Dreadfully. Of course it can only be for a few months, but I hate the thought of anyone sacrificing themselves[5] for me."

"My dear Louise, you've buried two husbands, I can't see the least reason why you shouldn't bury[6] at least two more."

"Do you think that's funny ?" she asked me in a tone that she made as offensive as she could.

"I suppose it's never struck[7] you as strange that you're always strong enough to do anything you want to and that your weak heart only prevents you from doing things that bore[8] you ?"

"Oh, I know, I know what you've always thought of me. You've never believed that I had anything the matter with me[9], have you ?"

I looked at her full and square.

"Never. I think you've carried out for twenty-five years a stupendous[10] bluff. I think you're the most selfish and monstrous woman I have ever known. You ruined the lives of those two wretched[11] men you married and now you're going to ruin the life of your daughter."

---

1. **to be going to :** *être sur le point de, aller*
2. **to beg :** *prier, supplier.* Autre sens : *mendier.* **A beggar :** *un mendiant.*
3. m. à m. : *sur mes genoux ployés* ; il s'agit de la seule expression figée avec la forme régulière **bended** alors que le verbe est irrégulier : **to bend, bent, bent** : *courber, plier, pencher.*
4. **hard on her :** *dur pour elle.*
5. **anyone sacrificing themselves for me :** voir note n° 4, page 118.
6 ; m. à m. : *je ne peux pas voir la moindre raison pour laquelle vous ne devriez pas enterrer.* **Bury** ['beri]
7. **to strike, struck, struck.**
8. **to bore :** *ennuyer, assommer, raser.* **A bore :** *personne ennuyeuse.* **Boring :** *ennuyeux*

– Je ne suis pas au courant ? Elle ne se mariera pas aussi tôt que je l'aurais souhaité. Je l'ai suppliée à genoux de ne pas tenir compte de moi mais elle a absolument refusé de me quitter.

– Ne trouvez-vous pas que c'est un peu dur pour elle ?

– C'est terrible. Ce n'est bien entendu qu'une question de mois, mais je ne peux pas supporter l'idée que quelqu'un se sacrifie pour moi.

– Ma chère Louise, vous avez enterré deux maris et je ne vois pas pourquoi vous n'en enterreriez pas au moins deux de plus.

– Vous trouvez ça drôle ? me demanda-t-elle d'un ton qu'elle voulait aussi déplaisant que possible.

Je supppose que vous n'avez jamais trouvé bizarre d'avoir toujours assez de force pour faire tout ce qui vous plaît et que votre faible cœur ne vous empêche seulement de faire que les choses qui vous ennuient.

– Oh, je sais, je sais très bien ce que vous avez toujours pensé de moi. Vous avez toujours cru que je n'avais rien, n'est-ce-pas ?

Je la regardai droit dans les yeux.

– Absolument. Je pense que depuis vingt-cinq ans, vous pratiquez un bluff fantastique. Je pense que vous êtes la femme la plus égoïste et la plus monstrueuse que j'ai jamais rencontrée. Vous avez brisé la vie des deux malheureux qui vous ont épousée et maintenant vous allez briser la vie de votre fille.

---

9. m. à m. : *vous n'avez jamais cru que j'avais quelque chose.* Il s'agit là d'un intéressant problème de traduction. La phrase anglaise est un exemple parfait d' **understatement,** c'est-à-dire de forme atténuée, d'expression en dessous de la vérité, très exactement d'*euphémisme* – la traduction sera donc beaucoup plus explicite. **What is the matter with you ?** : *Qu'est-ce-que vous avez ?* **What is the matter ?** *Qu'est-ce qu'il y a ? Qu'est-ce qui se passe ?*

10. **stupendous** : *plus fort que* : **amazing, astonishing** : *très étonnant, stupéfiant, prodigieux*

11. Attention à la prononciation de **wretched** ['retʃɪd] Le **w** initial ne se prononce pas devant **r** : **wreck** (*épave*), **wrestler** (*lutteur*) **write** (*écrire*), **wrist** (*le poignet*), **wrong** (*tort*), etc.

I should not have been surprised if Louise had had a heart attack then. I fully expected her to fly into a passion[1]. She merely[2] gave me a gentle smile[3].

"My poor friend, one of these days you'll be so dreadfully[4] sorry you said this to me."

"Have you quite determined that Iris shall[5] not marry this boy ?"

"I've begged her to marry him. I know it'll kill me, but I don't mind[6]. Nobody cares for me. I'm just a burden to everybody."

"Did you tell her it would kill you ?"

"She made me[7]."

"As if anyone ever made you do anything that you were not yourself quite determined to do."

"She can marry her young man tomorrow if she likes. If it kills me, it kills me."

"Well, let's risk it, shall we[8] ?"

"Haven't you got any compassion for me ?"

"One can't pity anyone who amuses one as much as you amuse me," I answered.

A faint[9] spot of colour appeared on Louise's pale cheeks and though she smiled still her eyes were hard and angry.

"Iris shall marry[10] in a month's time," she said, "and if anything happens to me I hope you and she will be able to forgive yourselves."

Louise was as good as her word. A date was fixed, a trousseau of great magnificence was ordered, and invitations were issued. Iris and the very good lad were radiant. On the wedding-day, at ten o'clock in the morning, Louise, that devilish woman, had one of her heart attacks — and died. She died gently[11] forgiving Iris for having killed her.

---

1. **to fly into a passion = to fly into a temper** : *se mettre en colère, entrer en fureur.*
2. **merely = simply, only.**
3. **to give sbd. a smile** : *gratifier qqn. d'un sourire.*
4. **dreadfully = terribly = awfully.**
5. L'emploi de **shall** à la troisième personne à la place de la forme normale **will**, dans un style ici volontairement soutenu, exprime le but dans une proposition subordonnée.
6. **I don't mind** : *cela m'est égal, cela ne me fait rien.*
7. **she made me = she made me tell her** : *elle m'a forcée à lui dire.*

Je n'aurais pas été surpris que Louise fasse une crise cardiaque à ce moment-là. Je m'attendais tout à fait à ce qu'elle s'emportât ? Elle se contenta de sourire doucement.

– Mon pauvre ami, un de ces jours, vous regretterez amèrement de m'avoir dit ça.

– Vous êtes bien décidée à ce qu'Iris n'épouse pas ce garçon ?

– Je l'ai suppliée de l'épouser. Je sais que j'en mourrai, mais cela m'est égal. Personne ne m'aime. Je suis un fardeau pour tout le monde.

– Lui avez-vous dit que son mariage vous tuerait ?

– Elle m'y a forcé.

– Comme si on pouvait vous forcer à faire quelque chose que vous n'auriez pas vous-même décidé.

– Elle peut épouser son jeune homme demain si elle le désire. Si j'en meurs, eh bien, tant pis !

– Ma foi, prenons ce risque, voulez-vous ?

– Vous n'avez pas la moindre compassion pour moi ?

– On ne peut pas s'apitoyer sur quelqu'un qui vous amuse autant que vous m'amusez, répondis-je.

Une légère rougeur apparut sur les joues pâles de Louise et malgré un sourire persistant, son regard était dur et courroucé.

– Iris se mariera dans un mois, dit-elle et s'il m'arrive malheur, j'espère que tous les deux vous pourrez vous le pardonner.

Louise tint parole. La date fut fixée, un trousseau tout à fait magnifique fut commandé et les invitations furent lancées. Iris et le brave garçon étaient radieux. Le jour du mariage, à dix heures du matin, Louise, cette femme diabolique, eut une de ces crises cardiaques et en mourut. Elle mourut en pardonnant gentiment à Iris de l'avoir tuée.

---

8. **shall** s'emploie toujours à la forme interrogative dans les clausules interrogatives après **let's : let's go, shall we ?** : *partons, voulez-vous ?*

9. **faint = weak = vague** : *faible, léger, vague.*

10. L'emploi de **shall** à la place de la forme normale **will** traduit, en style soutenu, la volonté – sous forme d'ordre, de promesse voire de menace – de la personne qui parle et/ou écrit.

11. **gently :** le sens le plus courant de l'adjectif est : *doucement.*

The Man with the Scar[1]

Le balafré

It was on account of[2] the scar that I first noticed him, for it ran, broad and red, in a great crescent from his temple to his chin. It must have been due to a formidable wound and I wondered whether this had been caused by a sabre or by a fragment of shell[3]. It was unexpected on that round, fat, and good-humoured face. He had small and undistinguished features, and his expression was artless. His face went oddly with his corpulent body. He was a powerful man of more than common height[4]. I never saw him in anything but a very shabby[5] grey suit, a khaki shirt, and a battered sombrero. He was far from clean. He used to come[6] into the Palace Hotel at Guatemala City every day at cocktail time and strolling leisurely[7] round the bar offer lottery[8] tickets for sale. If this was the way he made his living[9] it must have been a poor one for I never saw anyone buy, but now and then[10] I saw him offered a drink. He never refused it. He threaded his way[11] among the tables with a sort of rolling walk as though he were[12] accustomed[13] to traverse long distances on foot, paused at each table, with a little smile mentioned the numbers he had for sale, and then, when no notice was taken of him, with the same smile passed on[14]. I think he was for the most part a trifle the worse for liquor[15].

I was standing at the bar one evening, my foot on the rail, with an acquaintance — they make a very good dry Martini[16] at the Palace Hotel in Guatemala City — when the man with the scar came up.

---

1. **scar** : *une cicatrice*. **Scarface** : *Le balafré*, surnom d'Al Capone, le célèbre gangster américain.
2. m. à m... *c'était à cause de la cicatrice*. **On account of = because of.**
3. **shell** : ici *obus*, mais aussi *coquille, coquillage*. **The shell of an egg** : *une coquille d'œuf.*
4. **height** : attention à la prononciation [hait] L'adjectif correspondant est **high.**
5. **shabby** : *en mauvais état, usé*
6. **he used to come** : *il avait l'habitude de venir*. Il s'agit de la forme fréquentative.
7. **leisurely** : *tranquillement, sans se presser*
8. attention à l'orthographe de **lottery** : *loterie*
9. **to make a living = to earn a living** : *gagner sa vie.*
10. **now and then = from time to time** : *de temps en temps, de temps à autre.*

Ce fut sa cicatrice qui me le fit d'abord remarquer, un grand croissant large et rouge qui allait de la tempe au menton. Elle avait dû avoir pour origine une terrible blessure et je me demandais si elle avait été causée par un coup de sabre ou un éclat d'obus. On ne s'attendait pas à trouver cette balafre sur un visage rond, poupin et bon enfant. Ses traits étaient petits et ordinaires et son expression dénuée d'artifice. Son visage s'accordait mal à sa corpulence. C'était un homme vigoureux, d'une taille supérieure à la moyenne. Je ne l'ai jamais vu porter autre chose qu'un costume gris très usé, une chemise kaki et un sombrero cabossé. Il n'était pas exactement propre. Il venait tous les jours à l'Hôtel Palace de Guatemala City, à l'heure de l'apéritif, et faisait lentement le tour du bar pour proposer des billets de loterie. Si c'était sa façon de gagner sa vie, il ne devait pas récolter grand-chose, car je n'ai jamais vu quelqu'un lui en acheter, mais de temps en temps, j'ai vu qu'on lui offrait un verre. Il ne refusait jamais. Il se faufilait entre les tables en se dandinant comme s'il avait l'habitude de parcourir de grandes distances à pied, s'arrêtait à chaque table et avec un petit sourire il indiquait les numéros qu'il avait à vendre, puis, si on ne faisait pas attention à lui, il s'en allait avec le même sourire. Je pense que la plupart du temps il était ivre.

Un soir, j'étais au bar avec un ami, le pied sur la barre d'appui – on sert de très bons cocktails à l'Hôtel Palace de Guatemala City – quand notre balafré arriva.

---

11. **to thread one's way** : *se frayer un chemin, se faufiler.* **A thread** : *un fil (à coudre).*

12. **were** : subjonctif de **to be**, employé après **as though** ou **as if** ; on pourrait tout aussi bien employer l'indicatif, dans un style moins soutenu, plus informel.

13. **to be accustomed to = to be used to.**

14. **to pass on** : *continuer sa route, passer son chemin.* Remarquer que l'emploi de **on** indique la continuité ; **to go on** : *continuer* ; **to write on** : *continuer à écrire*

15. m. à m. : *être le pire pour l'alcool.* **Worse** est le comparatif de **bad,** superlatif **(the) worst. Liquor** est le terme générique pour toutes les boissons alcoolisées et les spiritueux.

16. il ne s'agit pas d'un Martini sec mais d'un cocktail composé le plus souvent de gin et/ou de vodka avec du vermouth.

I shook[1] my head as for the twentieth time since my arrival he held out for my inspection his lottery tickets. But my companion nodded affably.

"*Qué tal, general ?* How is life ?"

"Not so bad. Business is none too good, but it might be worse."

"What will you have, general ?"

"A brandy."

He tossed it down and put the glass back on the bar. He nodded to my acquaintance.

"*Gracias. Hasta luego*[2]."

Then he turned away and offered his tickets to the men who were standing next to us.

"Who is your friend ?" I asked. "That's a terrific scar on his face."

"It doesn't add to his beauty, does it ? He's an exile[3] from Nicaragua. He's a ruffian of course and a bandit, but not a bad fellow. I give him a few pesos now and then. He was a revolutionary general, and if his ammunition[4] hadn't given out[5] he'd have upset[6] the government and be Minister of War now instead of selling lottery tickets in Guatemala. They captured him, along with his staff[7], such as it was, and tried[8] him by court-martial. Such things are rather summary[9] in these countries, you know, and he was sentenced[10] to be shot[11] at dawn. I guess he knew what was coming to him when he was caught. He spent the night in gaol[12] and he and the others, there were five of them altogether, passed the time[13] playing poker.

---

1. to shake, shook, shaken.
2. **Gracias …luego** : espagnol : *Merci. A bientôt.*
3. **exile** désigne à la fois *l'exil et l'exilé, le banni.*
4. **ammunition** est un nom collectif, il ne prend donc pas de **s.**
5. **to give out = to run out** : *s'épuiser, commencer à manquer.* **The food is running out** : *les vivres s'épuisent.*
6. **to upset** a ici le sens de *renverser.* Autre sens courant : *troubler, émouvoir*
7. autre sens de **staff** : *le personnel, les employés.* **To be on the staff of a firm** : *faire partie du personnel d'une entreprise.*
8. **to try** : *juger, mettre en jugement.* **He was tried for theft** : *il a été jugé pour vol.* **A trial** : *un procès.*

Je fis non de la tête, quand pour la vingtième fois depuis mon arrivée, il me présenta ses billets de loterie. Mais mon compagnon le salua avec amabilité.

– *Qué tal, general ?* Comment ça va ?

– Pas trop mal. Les affaires ne marchent pas très fort, mais ça pourrait être pire.

– Qu'est-ce-que vous prendrez, général ?

– Un cognac.

Il l'avala d'un trait et reposa le verre sur le comptoir. Il salua mon ami.

– *Gracias. Hasta luego.*

Puis il se retourna pour offrir ses billets à nos voisins de bar.

– Qui est votre ami ? demandai-je. Il a une terrible balafre.

– Ça ne l'embellit pas, n'est-ce-pas ? C'est un Nicaraguayen en exil. Un gredin, bien sûr, et un bandit mais pas un mauvais bougre. Je lui donne quelques pesos de temps en temps. Il était général pendant la révolution et s'il n'avait pas été à court de munitions, il aurait renversé le gouvernement et serait aujourd'hui ministre de la Guerre au lieu de vendre des billets de loterie au Guatemala. Il fut fait prisonnier avec tout son état-major, si l'on peut dire, et il passa en cour martiale. Dans ces pays-làs, vous savez, la procédure est expéditive et il fut condamné à être fusillé le lendemain à l'aube. Je pense qu'il savait ce qui l'attendait quand ils l'ont capturé. Il passa la nuit en prison, lui et les autres, – ils étaient cinq en tout – à jouer au poker.

---

9. **summary** : *sommaire, succinct.* Attention au substantif **summary** qui a le sens de *résumé.* **To sum up** : *résumer.*

10. **to sentence = to condemn. A death sentence** : *une condamnation à mort.*

11. **to shoot, shot, shot** : *tirer, toucher (d'un coup de feu).* **He was shot down** : *il a été abattu (d'un coup de feu).* **He was shot dead** : *il a été tué (d'un coup de feu).*

12. **gaol = jail** : *prison.* Malgré une orthographe très différente, les deux mots ont une prononciation absolument identique [dʒeɪl].

13. **passed the time = spent the time.** Le verbe **spend** est d'un emploi beaucoup plus courant.

They used matches for chips[1]. He told me he'd never had such a run of bad luck[2] in his life ; they were playing with a short pack[3], jacks[4] to open, but he never held a card,[5] he never improved more than half a dozen times in the whole sitting[6] and no sooner did he buy[7] a new stack[8] than he lost it. When day broke and the soldiers came into the cell to fetch them for execution he had lost more matches than a reasonable man could use in a lifetime.

"They were led into the patio of the gaol and placed against a wall, the five of them side by side, with the firing party[9] facing them. There was a pause and our friend asked the officer in charge of them what the devil they were keeping him waiting for[10]. The officer said that the general commanding the government troops wished to attend[11] the execution and they awaited[12] his arrival.

"'Then I have time to smoke another cigarette,' said our friend. 'He was always unpunctual.'

"But he had barely lit it when the general — it was San Ignacio, by the way[13] : I don't know whether you ever met him — followed by his A.D.C.[14] came into the patio. The usual formalities were performed and San Ignacio asked the condemned men whether there was anything they wished before the execution took place. Four of the five shook their heads[15], but our friend spoke.

"'Yes, I should like[16] to say good-bye to my wife.'

"'*Bueno*,' said the general, 'I have no objection to that. Where is she ?'

---

1. autres sens de **chips** : *copeaux ; pommes frites* ; et plus récemment : *micro-processeurs, puces.*

2. **Bad luck ! = hard luck !** : *pas de chance ! Lucky* : *heureux* ; **unlucky** : *malheureux, malchanceux.*

3. **a pack of cards** : *un paquet, un jeu de cartes.*

4. **a jack** : *un valet.* Se dit aussi **knave** [neiv].

5. **he never held a card** : littéralement : *il n'avait jamais tenu une carte.*

6. **sitting** a été ici traduit par *soirée* alors que le sens le plus courant du mot est *séance, cession, tenue (d'une réunion, d'une assemblée).*

7. **no sooner did he buy** : remarquer l'ordre des mots.

Ils se servaient d'allumettes en guise de jetons. Il me dit qu'il n'avait jamais été aussi malchanceux de sa vie. Ils jouaient avec enchères réduites, ouverture aux valets, mais il n'a jamais eu de jeu. Il ne fit que cinq ou six relances durant toute la soirée et il n'avait pas plus tôt acheté de nouveaux jetons qu'il les avait perdus. Quand au lever du jour, les soldats sont venus les chercher dans la cellule pour les conduire au peloton d'exécution, il avait perdu plus d'allumettes qu'un homme sensé n'en utilise dans toute sa vie.

Ils furent conduits dans le patio de la prison et alignés contre un mur, tous les cinq côte à côte, face au peloton d'exécution. Il y eut un moment d'attente et notre ami demanda à l'officier responsable pourquoi diable on les faisait attendre. L'officier répondit que le général commandant les troupes gouvernementales désirait assister à l'exécution et qu'on attendait son arrivée.

– Alors j'ai le temps de fumer une autre cigarette, dit notre ami. Il est toujours en retard.

Mais à peine l'avait-il allumé que le général – c'était San Ignacio, entre parenthèses, je ne sais pas si vous l'avez déjà rencontré – fit son entrée dans le patio, suivi de son aide de camp. Après les formalités d'usage, il demanda aux condamnés s'ils avaient un souhait à formuler avant d'être exécutés. Quatre sur cinq firent signe que non, mais notre ami déclara :

– Oui, j'aimerais dire au revoir à ma femme.

– *Bueno*, dit le général. Je n'y vois pas d'objection. Où est-elle ?

---

8. m. à m. : *une nouvelle pile (de jetons).*
9. **the firing party = the firing squad** : *le peloton d'exécution.*
10. **to keep sbd waiting** : *faire attendre qqn.*
11. **to attend** : *assister à, fréquenter (une école,* etc.*)* **The attendance** : *l'assistance.* **Are you being attended to ?** (dans un magasin) : *est-ce qu'on s'occupe de vous ?*
12. **to await = to wait for. To wait** *est beaucoup plus employé*
13. **by the way** : *en passant, au fait, à propos, pendant que j'y pense.*
14. **A.D.C.** : *abréviation d'* Aide de camp.
15. m. à m. *secouèrent la tête.* **To shake, shook, shaken.**
16. **I should like to** : *j'aimerais, je voudrais bien.*

"'She is waiting at the prison door.'

"'Then it will not cause a delay[1] of more than five minutes.'

"'Hardly that[2], *Señor General*,' said our friend.

"'Have him placed[3] on one side.'

"Two soldiers advanced and between them the condemned rebel walked to the spot indicated. The officer in command of the firing squad on a nod from the general gave an order, there was a ragged[4] report, and the four men fell. They fell strangely, not together, but one after the other, with movements that were almost grotesque, as though[5] they were puppets[6] in a toy[7] theatre. The officer went up to them and into one who was still alive[8] emptied two barrels of his revolver. Our friend finished his cigarette and threw[9] away the stub.

"There was a little stir at the gateway. A woman came into the patio, with quick steps, and then, her hand on her heart[10], stopped suddenly. She gave a cry and with outstretched arms ran[11] forward.

"'*Caramba*,' said the General.

"She was in black, with a veil over her hair, and her face was dead white. She was hardly[12] more than a girl, a slim creature, with little regular features and enormous eyes. But they were distraught[13] with anguish. Her loveliness was such that as she ran, her mouth slightly open and the agony[14] of her face beautiful, a gasp of surprise was wrung[15] from those indifferent soldiers who looked at her.

---

1. **delay** est un faux ami qui veut dire *retard*. *Délai*, selon les cas, pourra se traduire par **time, time-limit, deadline** (*dernier délai, délai de rigueur*).

2. m. à m. *À peine cela*.

3. La construction **have** + complément + participe passé s'emploie pour indiquer qu'un sujet ne fait pas lui-même l'action mais la fait faire par un autre. Elle correspond à *faire faire* en français : **The general had him shot** : *le général l'a fait fusiller*. Pour indiquer l'action directe du sujet, on emploiera **to make** + infinitif sans to ou un verbe causatif : **I made them laugh** : *je les ai fait rire*. **I grow vegetables** : *je fais pousser des légumes*.

4. **ragged** : *désordonné, inégal, confus*. Autre sens : *en loques, en haillons*.

5. **as though = as if.**

6. **puppet** : *pantin, marionnette*. **A puppet show** : *un spectacle de marionnettes*.

– Elle attend à la porte de la prison.

– Alors, ça ne prendra pas plus de cinq minutes.

– Même pas, *Señor General*, dit notre ami.

– Qu'on le mette à part.

Deux soldats s'avancèrent et encadré par eux, le rebelle condamné se rendit à l'endroit indiqué. Sur un signe de tête du général, l'officier commandant le peloton d'exécution donna un ordre : une salve désordonnée retentit et les quatre hommes tombèrent. Ils tombèrent bizarrement, non pas tous ensemble, mais l'un après l'autre, avec des mouvements grotesques comme s'il s'agissait de pantins dans un théâtre de marionnettes. L'officier s'approcha d'eux et tira deux balles de son revolver sur l'un deux qui vivait encore. Notre ami finit sa cigarette et jeta son mégot.

Il y eut un peu d'agitation à la porte de la prison. Une femme arriva dans le patio d'un pas rapide, puis, la main sur le cœur, s'arrêta brusquement. Elle poussa un cri et se précipita en avant les bras tendus.

– *Caramba !* dit le général. Elle était en noir avec un voile sur la tête, son visage pâle comme la mort. Elle n'était guère plus qu'une adolescente, au corps svelte, avec des traits fins et réguliers et de grands yeux fous d'inquiétude. Sa séduction était telle, alors qu'elle courait, la bouche entrouverte et le visage rayonnant d'une beauté douloureuse, qu'elle arracha un cri de surprise aux soldats indifférents qui la regardaient.

---

7. **a toy** : *un jouet*. **A toy army** : *une armée miniature*.

8. **to be alive = to be living. Alive or dead** : *vivant ou mort*.

9. **to throw, threw, thrown.**

10.m. à m. : *sa main sur son cœur*. Emploi systématique en anglais des adjectifs possessifs à la place des articles définis avec les parties du corps et les vêtements.

11. **to run, ran, run. To run forward** : *avancer en courant*.

12. **hardly** est un adverbe semi-négatif qui a le sens de : *à peine, guère plus*.

13. **distraught** est une tournure archaïque pour **distracted** qui est un faux ami avec le sens de *fou, affolé, éperdu*. **To love sbd. to distraction** : *aimer qqn. à la folie*.

14. **agony** est un faux ami qui veut dire *une très grande douleur*.

15. **to wring, wrung, wrung** : *tordre, serrer en tordant*.

"The rebel advanced a step or two to meet her. She flung[1] herself into his arms and with a hoarse[2] cry of passion : *alma de mi corazón*, soul of my heart, he pressed his lips to hers. And at the same moment he drew[3] a knife from his ragged[4] shirt — I haven't a notion how he managed to retain possession of it — and stabbed[5] her in the neck. The blood spurted from the cut vein[6] and dyed[7] his shirt. Then he flung his arms round her and once more pressed his lips to hers.

"It happened so quickly that many did not know what had occurred, but from the others burst[8] a cry of horror ; they sprang[9] forward and seized him. They loosened[10] his grasp and the girl would have fallen[11] if the A.D.C. had not caught her. She was unconscious. They laid[12] her on the ground and with dismay on their faces stood round watching her. The rebel knew where he was striking[13] and it was impossible to staunch the blood. In a moment the A.D.C. who had been kneeling[14] by her side rose[15].

"'She's dead,' he whispered. "The rebel crossed himself.

"'Why did you do it ?' asked the general.

"'I loved her.

"A sort of sigh passed through those men crowded together and they looked with strange faces at the murderer. The general stared at him for a while in silence.

"'It was a noble gesture,' he said at last. 'I cannot execute this man. Take my car and have him led to the frontier[16].

---

1. **to fling, flung, flung** : *jeter, lancer vivement et/ou violemment.*

2. **hoarse** : *rauque, enroué.* **To shout oneself hoarse** : *s'enrouer à force de crier.*

3. **to draw** : *tirer ; dessiner*

4. **ragged** : *en loques, en haillons.* Attention à la prononciation ['rægɪd].

5. **to stab** : *donner un coup de couteau, poignarder.*

6. m. à m. *de la veine coupée.* Il s'agit plus exactement d'une artère – de la carotide.

7. **to dye** : *teinter, colorer.* **A dye** : *une teinture.* **A fast dye** : *une couleur grand teint.*

8. **to burst, burst, burst** : *éclater, exploser.*

9. **to spring, sprang, sprung** : *bondir, sauter.*

10. **loose** : *ample, lâche.* Attention à la prononciation [lu:s] contr. **tight** : *serré, étroit.*

Le rebelle fit un ou deux pas dans sa direction. Elle se jeta dans ses bras et avec un cri rauque de passion : *alma de mi corazon*, âme de mon cœur, il pressa ses lèvres sur les siennes. Au même instant, il sortit un couteau de sa chemise en loques – je n'arrive pas à comprendre comment il était parvenu à le conserver – et la frappa au cou. Le sang gicla de l'artère sectionnée et rougit sa chemise. Alors il l'enlaça et pressa de nouveau ses lèvres sur les siennes.

Tout s'était déroulé si vite que beaucoup ne savaient pas ce qui s'était passé, mais les autres poussèrent un cri d'horreur ; ils bondirent en avant pour s'emparer de lui. Ils desserrèrent son étreinte et, si l'aide de camp ne l'avait pas retenue, elle serait tombée sur le sol. Elle avait perdu connaissance. Ils l'étendirent par terre et restèrent autour d'elle à la regarder avec des mines consternées. Le rebelle avait su où frapper, il était impossible d'arrêter l'hémorragie. Un instant après, l'aide de camp, agenouillé près d'elle, se releva.

– Elle est morte, murmura t-il. Le rebelle se signa.

– Pourquoi avoir fait ça ? demanda le général.

– Je l'aimais.

Une sorte de soupir parcourut ces hommes rassemblés. Ils regardèrent le meurtrier d'une façon singulière. Le général le fixa du regard un instant en silence.

– C'était un noble geste, finit-il par dire. Je ne peux pas exécuter cet homme. Prenez ma voiture et conduisez-le à la frontière.

---

11. Attention à l'emploi de **to have** : **I have fallen** : *je suis tombé*. **To fall, fell, fallen.**

12. **to lay, laid, laid** : *étendre, poser, placer*. A ne pas confondre avec **to lie, lay, lain** : *être étendu, allongé, couché*.

13. **to strike, struck, struck.**

14. **to kneel, knelt, knelt.** Le **k** ne se prononce pas [nɪːl, nelt, nelt]. Comme tous les verbes de position, **kneel** s'emploie fréquemment avec la forme en **-ing** : **he was kneeling by her side** : *il était agenouillé à ses côtés*. Autres verbes de position : **to be lying** : *être couché* ; **to be standing** : *être debout*, etc...

15. **to rise, rose, risen.**

16. m. à m. : *faites-le conduire à la frontière*. Voir la note n° 3, page 132. Autre traduction de *frontière* : **border.**

Señor, I offer you the homage which is due[1] from one brave man to another.'

"A murmur of approbation broke[2] from those who listened. The A.D.C. tapped the rebel on the shoulder, and between the two soldiers without a word he marched to the waiting car."

My friend stopped and for a little I was silent. I must explain that he was a Guatemalecan and spoke to me in Spanish. I have translated what he told me as well as I could[3], but I have made no attempt[4] to tone down his rather high-flown[5] language. To tell the truth I think it suits the story[6].

"But how then did he get the scar ?" I asked at length[7].

"Oh, that was due to a bottle that burst when I was opening it. A bottle of ginger ale[8]."

"I never liked it," said I.

---

1. autre sens de **due** : **the train is due at 3 p.m.** : *le train est attendu à 15 heures.*
2. **to break, broke, broken.**
3. m. à m. *j'ai traduit ce qu'il m'a dit aussi bien que j'ai pu.*
4. **I have made no attempt to : I have not tried to** : *je n'ai pas essayé de.*
5. m. à m.*qui vole haut.* **High-flown = bombastic** : *emphatique, ampoulé.* **To fly, flew, flown.**

Señor, je vous rends l'hommage qu'un homme courageux doit à un autre homme courageux.

Un murmure d'approbation monta de l'assistance. L'aide de camp tapota l'épaule du rebelle qui, encadré par deux soldats, se dirigea sans mot dire vers la voiture qui attendait.

Mon ami s'interrompit et, pendant un instant, je gardai le silence. Je dois dire qu'il était guatémaltèque et qu'il me parlait en espagnol. J'ai fait de mon mieux pour traduire ses paroles, mais je n'ai pas essayé d'atténuer son style plutôt grandiloquent. A vrai dire, je crois qu'il convient à l'histoire.

– Mais alors, d'où vient sa cicatrice, demandai-je enfin.

– Oh, c'est une bouteille qui a éclaté au moment où je l'ouvrais. Une bouteille de limonade.

– J'ai toujours détesté la limonade, dis-je.

---

6. **it suits the story = it fits the story = it is suitable to the story** : *il convient à l'histoire.*
7. **at length = at last, finally. Length** : *longueur.*
8. **ginger ale** = *limonade gazeuse au gingembre.* **Ginger bread :** *pain d'épice.* **Ale** : en général, *bière blonde.*

The Promise

La promesse

My wife is a very unpunctual woman, so when, having arranged to lunch with her at Claridge's, I arrived there ten minutes late and did not find her I was not surprised. I ordered a cocktail. It was the height[1] of the season and there were but[2] two or three vacant tables in the lounge[3]. Some of the people after an early meal[4] were drinking their coffee, others like myself were toying[5] with a dry Martini[6] ; the women in their summer frocks[7] looked gay and charming and the men debonair ; but I could see no one whose appearance sufficiently interested me to occupy the quarter of an hour I was expecting to wait. They were slim[8] and pleasant to look upon[9], well dressed and carelessly at ease, but they were for the most part of a pattern[10] and I observed them with tolerance rather than with curiosity. But it was two o'clock and I felt hungry[11]. My wife tells me that she can wear[12] neither a turquoise nor a watch, for the turquoise turns green and the watch stops ; and this she attributes to the malignity of fate. I have nothing to say about the turquoise, but I sometimes think the watch might go if she wound[13] it. I was engaged with these reflections when an attendant[14] came up and with that hushed[15] significance that hotel attendants affect (as though their message held a more sinister meaning than their words suggested) told me that a lady had just telephoned to say that she had been detained and could not lunch with me.

I hesitated.

---

1. Attention à la prononciation de **height** [hait]. **The season is at its height** : *la saison bat son plein.* **At the height of her beauty** : *dans tout l'éclat de sa beauté.* L'adjectif correspondant est **high.**

2. **but** ici ne veut pas dire *mais ;* il a le sens privatif de *ne.que* et il est l'équivalent littéraire et recherché de **only.**

3. **lounge** a le sens de *salon ou de hall (qui sert souvent de salon d'attente) dans un hôtel.*

4. **an early meal** contr. de **late meal. I had an early lunch** : *j'ai déjeuné de bonne heure.* **I had a late dinner** : j'ai dîné tard. **To be early** : *être en avance.* **To be late** : *être en retard.*

5. **to toy** : *jouer, s'amuser (avec).* **A toy** : *un jouet.*

6. Il ne s'agit pas de Martini sec mais d'un cocktail composé de gin ou de vodka et de vermouth. C'est l'une des boissons favorites des personnages de Somerset Maugham ! (cf. p. 69, n° 4).

Ma femme n'a aucun sens de l'exactitude, aussi quand, ayant convenu de déjeuner avec elle au Claridge, j'arrivai avec dix minutes de retard, je ne fus pas surpris de ne pas la trouver. Je commandai un cocktail. La saison battait son plein et il ne restait que deux ou trois tables de libre dans le hall de l'hôtel. Quelques-unes des personnes présentes qui avaient déjeuné de bonne heure prenaient le café, d'autres, comme moi-même, sirotaient un cocktail ; les femmes en robes d'été avaient des airs enjoués et charmants et les hommes semblaient d'humeur joviale ; mais je ne voyais personne dont l'aspect me semblait suffisamment intéressant pour occuper le quart d'heure d'attente que je prévoyais. Ces gens étaient svelte, agréables à regarder, bien habillés, nonchalants et à l'aise, mais pour la plupart, ils se ressemblaient tous et je les observais avec indulgence plutôt qu'avec curiosité. Mais il était deux heures et j'avais faim. Ma femme me dit qu'elle ne peut porter ni turquoise ni montre, car la turquoise verdit et la montre s'arrête ; elle en rend responsable la méchanceté du sort. Je n'ai rien à dire sur la turquoise mais il m'arrive de penser que la montre pourrait marcher si elle était remontée. J'étais plongé dans ces réflexions quand un employé de l'hôtel vint vers moi et avec la gravité discrète qu'affecte le personnel hôtelier (comme si leur message contenait un sens plus sinistre que leurs paroles ne le laissent entendre) m'annonça qu'une dame venait de téléphoner pour dire qu'elle était retenue et qu'elle ne pourrait pas déjeuner avec moi. J'hésitai.

---

7. **a frock = a dress** : *une robe* ; **dress** est de loin le mot le plus courant aujourd'hui.

8. **slim = slender** : *mince, élancé, svelte*

9. **to look upon = to look on = to watch** : *observer.*

10 **a pattern** : *un patron, un modèle.* Autre sens de **pattern** : *un échantillon (de tissu)*

11. **to feel hungry = to be hungry** : *avoir faim.* **Hunger** : *la faim.*

12. **to wear, wore, worn** : *porter (des vêtements, des bijoux).*

13. **to wind, wound, wound.** *To wind up a watch* : *remonter une montre* (à l'époque, il n'y avait pas de montre à quartz). **Wound** se prononce [waʊnd], à ne pas confondre avec son homonyme **wound** [wuːnd] : *la blessure.*

14. **an attendant** : *un employé, un préposé.*

15. **hushed** : *calme, silencieux, discret.* **Hush !** *chut ! faites silence, taisez-vous !*

It is not very amusing to eat in a crowded restaurant by oneself[1], but it was late to go to a club and I decided that I had better stay[2] where I was. I strolled[3] into the dining-room. It has never given me any particular satisfaction (as it appears to do to so many elegant persons) to be known by name[4] to the head waiters of fashionable restaurants, but on this occasion I should certainly have been glad to be greeted by less stony[5] an eye. The maître d'hôtel[6] with a set and hostile face told me that every table was occupied. I looked helplessly round the large and stately room and on a sudden[7] to my pleasure caught sight of someone I knew. Lady Elizabeth Vermont was an old friend. She smiled and noticing that she was alone I went up to her.

"Will you take pity on[8] a hungry man and let me sit with you ?" I asked.

"Oh, do. But I've nearly finished."

She was at a little table by the side of a massive column[9] and when I took my place I found that notwithstanding[10] the crowd we sat almost in privacy[11].

"This is a bit of luck for me[12]," I said. "I was on the point of[13] fainting[14] from hunger."

She had a very agreeable smile ; it did not light up her face suddenly, but seemed rather to suffuse it by degrees with charm. It hesitated for a moment about her lips and then slowly travelled to those great shining eyes of hers and there softly lingered.

---

1. **by oneself = all alone :** *tout seul.*
2. m. à m. : *qu'il vaudrait mieux.* **Had better** + infinitif sans to : **I had better stay :** *je ferais mieux de rester* ; il *vaudrait mieux que je reste.* On pourrait dire aussi, mais d'une façon moins elliptique : *it would be better for me to stay.*
3. **to stroll :** *flâner, déambuler.* **To go for a stroll = to go for a walk :** *aller se promener, aller faire un tour.*
4. **to know sbd. by name :** *connaître qqn. de nom* ; **to know sbd. by sight :** *connaître qqn. de vue.*
5. **stony :** *de pierre, en pierre.* **A stony look :** *un regard froid, sévère.* **A stony heart :** *un cœur dur.*
6. **the maître d'hôtel = the head waiter. A waiter :** *un garçon de café, un serveur.*
7. **on a sudden :** tournure littéraire et quelque peu archaïque pour all **of a sudden = suddenly.**

Ce n'est pas très amusant de déjeuner tout seul dans un restaurant bondé, mais il était trop tard pour aller dans un club et je décidai qu'il valait mieux que je reste où j'étais. J'entrai sans me presser dans la salle à manger. Je n'ai jamais particulièrement apprécié – contrairement à tant de gens chic – le fait d'être connu nommément des maîtres d'hôtel des restaurants à la mode, mais en cette occasion j'aurais certainement été heureux d'être accueilli par un regard moins dur. Le maître d'hôtel, le visage figé et hostile, me dit que toutes les tables étaient prises. Désemparé, je jetai un regard circulaire sur la grande salle imposante et soudain, à mon grand plaisir, j'aperçus quelqu'un que je connaissais. Lady Elisabeth Vermont était une vieille amie. Elle me sourit et, constatant qu'elle était seule, je m'avançai vers elle.

– Aurez-vous pitié d'un homme affamé et me laisserez-vous m'asseoir à votre table ? demandai-je.

– Faites donc mais j'ai bientôt fini. Elle occupait une petite table près d'un pilier massif et en m'asseyant, je constatai que, malgré la foule, nous étions presque dans l'intimité.

– J'ai de la chance, dis-je. J'allais tomber d'inanition.

Son sourire était très agréable ; il n'éclairait pas son visage d'un seul coup mais semblait l'envahir peu à peu de son charme. Il hésitait un instant à l'entour de ses lèvres, pour remonter ensuite lentement vers ses grands yeux brillants et s'y attarder doucement.

---

8. **to take pity on sbd** : *avoir pitié de qqn.*

9. Attention à la prononciation des mots se terminant par – **mn** ; le **n** final est muet dans **autumn, column, condemn, hymn, solemn, etc.**

10. **notwthstanding = in spite of, despite** : *malgré, en dépit de.*

11. **privacy** : *vie privée, intimité.*

12. m.à m. : *c'est un peu de chance pour moi.* **Good luck !** contr. **bad luck ! hard luck ! To be in luck, to be lucky** : *avoir de la chance, être chanceux.*

13. **to be on the point of + -ing = to be about to** : *être sur le point de.*

14. **to faint** : *s'évanouir, perdre connaissance.* **To starve** : *mourir de faim, d'inanition.*

No one surely could say that Elizabeth Vermont was cast[1] in the common mould. I never knew her when she was a girl, but many have told me that then she was so lovely[2], it brought the tears to one's eyes, and I could well believe it ; for now, though fifty[3], she was still incomparable. Her ravaged beauty made the fresh and blooming comeliness of youth a trifle[4] insipid. I do not like these painted faces that look all alike[5] ; and I think women are foolish to dull their expression and obscure their personality with powder, rouge, and lipstick. But Elizabeth Vermont painted not[6] to imitate nature, but to improve it ; you[7] did not question[8] the means but applauded the result. The flaunting boldness with which she used cosmetics increased rather than diminished the character of that perfect face. I suppose her hair was dyed[9] ; it was black and sleek and shining. She held herself upright as though she had never learned[10] to loll and she was very slim. She wore[11] a dress of black satin, the lines and simplicity of which were admirable, and about her neck was a long rope[12] of pearls. Her only other jewel was an enormous emerald which guarded her wedding-ring[13], and its sombre fire emphasized the whiteness of her hand. But it was in her hands with their reddened nails that she most clearly betrayed her age ; they had none of a girl's soft and dimpled roundness ; and you could not but look at them[14] with a certain dismay. Before very long they would look like the talons[15] of a bird of prey.

---

1. **to cast, cast, cast** : *couler, fondre dans un moule, mouler.* Autres sens de **cast** : *jeter, lancer.* **To cast a spell** : *jeter un sort.*
2. **lovely = beautiful = very good-looking** : *très jolie, très belle.*
3. **though fifty = though she was fifty.**
4. **a trifle = a little** : *quelque peu.*
5. **to look alike** : *se ressembler.* **A look-alike** : *un sosie.* **To look like** : *ressembler à.* **It looks like gold** : *on dirait de l'or.* **It looks like rain** : *on dirait qu'il va pleuvoir.*
6. **painted not** : il s'agit d'une forme d'insistance en style soutenu à la place de la tournure courante : **did not paint.**
7. **you** = l'une des traductions de *on* avec **we, they, people** ou le passif.
8. **to question** *1)* questionner, interroger *2)* mettre en question, mettre en doute, douter.

144

Assurément, personne ne pouvait dire qu'Elisabeth Vermont avait été coulée dans le moule du commun des mortels. Je ne l'avais pas connu jeune fille, mais aux dires de plusieurs, elle était alors ravissante à pleurer, ce que je croyais aisément car aujourd'hui encore, bien que quinquagénaire, elle était incomparable. Sa beauté ravagée rendait quelque peu fade la fraîcheur épanouie de la jeunesse. Je n'aime pas les visages maquillés qui se ressemblent tous ; et je crois que les femmes sont stupides de ternir leur visage et de cacher leur personnalité sous la poudre, les fards et le rouge à lèvres. Mais Elisabeth Vermont se maquillait non pas pour imiter la nature mais pour l'embellir ; on ne contestait pas les moyens employés et on applaudissait les résultats. L'audace tapageuse qu'elle mettait à utiliser les cosmétiques, loin d'estomper le caractère de ce visage parfait, l'accentuait. Je suppose qu'elle se teignait les cheveux, ils étaient noirs, lisses et brillants. Elle se tenait très droite comme si elle ignorait la nonchalance et elle était très mince. Elle portait une robe de satin noir, d'une coupe admirable de simplicité, et un grand collier de perles. Son seul autre bijou était une énorme émeraude qui protégeait son alliance et dont le sombre éclat rehaussait la blancheur de sa main. Mais c'était par ses mains, aux ongles peints en rouge, qu'elle trahissait le plus évidemment son âge ; elles avaient perdu les douces rondeurs et les fossettes de la jeunesse et l'on ne pouvait pas s'empêcher de les regarder avec une certaine consternation. Elles ressembleraient bientôt aux serres d'un oiseau de proie.

---

9. **to dye** : *teindre, colorer.* **Fast dye** : *grand teint.*
10. **to learn, learnt, learnt.** Mais il est souvent traité comme un verbe régulier. Attention à l'adjectif **learned**, prononcé ['lɜːʳnəd]. **A learned man** : *un homme instruit, un érudit.*
11. **to wear, wore, worn** : *porter (des vêtements, des bijoux).*
12. m. à m. : *une longue corde de perles.* Le sens le plus courant de **rope** est *corde, cordage.*
13. **wedding** : *le mariage* (la cérémonie), *les noces.* **Marriage** : *le mariage* (l'état) : attention à l'orthographe.
14. **could not but look at them = could only look at them. But** a ici le sens privatif de *ne… que.*
15. **talon** est un faux ami qui veut dire *serre.* **The talons of an eagle** : *les serres d'un aigle. Les talons* se disent **heels.**

Elizabeth Vermont was a remarkable woman. Of great birth, for she was the daughter of the seventh Duke of St Erth, she married at the age of eighteen a very rich man and started at once upon a career of astounding extravagance[1], lewdness[2], and dissipation. She was too proud to be cautious, too reckless to think of consequences, and within two years her husband in circumstances of appalling scandal divorced her. She married then one of the three correspondents[3] named in the case[4] and eighteen months later ran away from him. Then followed a succession of lovers. She became notorious[5] for her profligacy. Her startling beauty and her scandalous conduct held[6] her in the public eye and it was never very long but that she gave[7] the gossips[8] something to talk about. Her name stank in the nostrils[9] of decent people. She was a gambler[10], a spendthrift[11], and a wanton. But though unfaithful to her lovers she was constant to her friends and there always remained a few who would never allow, whatever she did, that she was anything but a very nice woman. She had candour[12], high spirits[13], and courage. She was never a hypocrite. She was generous and sincere. It was at this period of her life that I came to know her ; for great ladies, now that religion is out of fashion, when they are very much blown[14] upon take a flattering interest in the arts. When they receive the cold shoulder[15] from members of their own class they condescend sometimes to the society of writers, painters, and musicians.

---

1. **extravagance** : *1) extravagance ; 2) prodigalité, dépenses exagérées.*

2. **lewdness** : *lubricité, débauche, luxure.*

3. **co-respondent** n'a rien à voir avec **correspondent** (*correspondant*), le mot indique *le complice* d'une femme contre qui le divorce pour adultère est demandé.

4. **case** : *une affaire* (devant les tribunaux). **A divorce case** : *un procès en divorce. Une bonne affaire* : **a bargain**.

5. **notorious** : *notoire, connu* et ce toujours avec une connotation péjorative. La connotation positive sera traduite par **well-known, famous.**

6. **to hold, held, held.**

7. **but that she gave... = without her giving** : *sans qu'elle donnât, sans donner.*

Elisabeth Vermont était une femme remarquable. De haute naissance puisqu'elle était la fille du septième duc de Saint-Erth, elle avait épousé à dix-huit ans un homme très riche et s'était aussitôt lancée dans une vie de dépenses extravagantes, de débauche et de dissipation. Elle avait trop de fierté pour prendre des précautions et trop d'insouciance pour songer aux conséquences. Moins de deux ans plus tard, son mari obtint le divorce dans des conditions terriblement scandaleuses. Elle épousa ensuite l'un des trois complices d'adultère cités au procès qu'elle abandonna dix-huit mois plus tard. Puis elle eut une succession d'amants. Sa vie dissolue la rendit tristement célèbre. Sa beauté exceptionnelle et sa scandaleuse conduite faisait d'elle une personnalité en vue et il ne se passait jamais bien longtemps sans qu'elle alimentât la rumeur publique. Son nom n'était pas en honneur de sainteté chez les gens convenables. C'était une joueuse, une dépensière et une libertine. Mais, bien qu'infidèle en amour, elle était fidèle en amitié et, quoiqu'elle fît, il lui restait toujours une poignée de partisans qui n'admettraient jamais qu'elle fût autre chose qu'une femme très aimable. Elle était franche, gaie et courageuse, elle ignorait l'hypocrisie, elle était généreuse et sincère. C'est à cette période de sa vie que je fis sa connaissance car, maintenant que la religion est passée de mode, les grandes dames dont la réputation est mise à mal se prennent d'un intérêt flatteur pour les arts. Quand les gens de leur classe leur tournent le dos, elles condescendent parfois à fréquenter les écrivains, les peintres et les musiciens.

---

8. **a gossip** : *une commère.* **Gossips** : *des commérages, des cancans.* **To gossip** : *faire des commérages, papoter.*

9. m. à m. : *puait dans les narines.* **To stink, stank, stunk** : *sentir mauvais, puer.* **What a stink !** : *quelle puanteur ! que ça pue !*

10. **a gambler** : *un joueur, une joueuse (pour de l'argent).* **To gamble** : *jouer (pour de l'argent).*

11. **spendthrift** : *prodigue, dépensier (ère).*

12. **candour** = **sincerity, frankness.**

13. **to be in high spirits** : *être de bonne humeur.*

14. **to blow, blew, blown** : *souffler.*

15. **to give sbd. the cold shoulder** : *tourner le dos à qqn, battre froid.*

I found her an agreeable companion. She was one of those blessed[1] persons who say quite fearlessly what they think (thus saving much useful time), and she had a ready wit[2]. She was always willing[3] to talk (with a diverting humour) of her lurid[4] past. Her conversation, though uninstructed[5], was good, because, notwith-standing[6] everything, she was an honest woman.

Then she did a very surprising thing. At the age of forty, she married a boy of twenty-one. Her friends said it was the maddest[7] act of all her life, and some who had stuck to her through thick and thin[8], now for the boy's sake[9], because he was nice and it seemed shameful thus to take advantage of his inexperience, refused to have anything more to do with her. It really was the limit. They prophesied disaster, for Elizabeth Vermont was incapable of sticking to any man for more than six months, nay, they hoped for it, since it seemed the only chance for the wretched youth[10] that his wife should behave so scandalously that he must leave her. They were all wrong[11]. I do not know whether[12] time was responsible for a change of heart in her, or whether Peter Vermont's innocence and simple love touched her, but the fact remains that she made him an admirable wife. They were poor, and she was extrava-gant, but she became a thrifty[13] housewife ; she grew on a sudden[14] so careful of her reputation that the tongue of scandal was silenced. His happiness seemed her only concern.

---

1. **blessed** est ici adjectif et se prononce ['blesɪd]. Le participe passé du verbe *to bless* : *bénir se prononce* ['blest] **God bless you !** : *que Dieu vous bénisse !*
2. **to have a ready wit** : *avoir l'esprit de répartie, d'à-propos.* **Witty** : *plein d'esprit, spirituel.* **A witticism** : *un trait d'esprit, un bon mot.*
3. **to be willing** : *vouloir bien ; être prêt à, être disposé à.*
4. **lurid** : *livide, blafard, sinistre*
5. **uninstructed** : *ignorant, sans instruction, ignare.*
6. **notwithstanding = in spite of.**
7. **mad** : *fou.* **To drive sbd mad** : *faire perdre la tête à qqn ; rendre qqn fou*
8. **a friend through thick and thin** : *un ami à toute épreuve.*

Je trouvais sa compagnie agréable. Elle faisait partie de ces bienheureuses personnes qui ne craignent pas de dire ce qu'elles pensent (en évitant ainsi de perdre un temps précieux) et elle avait l'esprit de repartie. Elle était toujours disposée à parler de son passé tragique avec un humour divertissant. Sa conversation, bien qu'inculte, était intéressante, parce qu'en dépit de tout, c'était une femme sincère.

C'est alors qu'elle fit une chose tout à fait surprenante en épousant à l'âge de quarante ans un garçon de vingt et un ans. Ses amis prétendirent que c'était la plus grande folie de sa vie et certains qui lui étaient restés fidèles à travers toutes les épreuves, par considération pour ce garçon, parce qu'il était gentil et qu'il était honteux de profiter ainsi de son inexpérience, coupèrent tous les ponts. Elle dépassait vraiment les bornes. Ils prédirent une catastrophe, car Elisabeth Vermont était incapable de rester fidèle à un homme plus de six mois, bien plus, ils l'espéraient, puisque la seule chance pour ce malheureux garçon semblait être que sa femme se conduisît d'une façon si scandaleuse qu'il se verrait contraint de la quitter. Tous se trompèrent. Je ne sais si ce changement de sentiment était l'œuvre du temps ou si l'innocence et l'amour sincère de Pierre Vermont l'avaient touchée, mais le fait est qu'elle fut pour lui une épouse admirable. Ils étaient pauvres – elle était dépensière – elle devint une ménagère économe. Elle prit subitement un tel soin de sa réputation que les mauvaises langues furent réduites au silence. Le bonheur de son mari semblait être devenu sa seule préoccupation.

---

9. **for sbd.'s sake** : *for the sake of sbd.* : *dans l'intérêt de qqn., par égard pour qqn.* **For God's sake** : *pour l'amour de Dieu.*

10. **the wretched youth** : *le malheureux garçon.* Attention à la prononciation de l'adjectif **wretched** [ˈretʃɪd] ; notez la finale en [id] et le **w** muet devant **r** : **wreck** (*naufrage*)**, write, wring, wrong**, etc.

11. **to be wrong** : *avoir tort* contr. de **to be right** : *avoir raison.*

12. **whether** : *si oui ou non.* Ne pas confondre **whether** avec son homophone **weather** : *le temps (météorologique).*

13. **thrifty = economical** : *économe, qui fait faire des économies, économique.* Mais **economic** dans **the economic growth** : *la croissance économique.*

14. **on a sudden = all of a sudden** (l'expression la plus courante) ou encore **suddenly.**

No one could doubt that she loved him devotedly. After being the subject of so much conversation for so long Elizabeth Vermont ceased to be talked about. It looked as though her story were told[1]. She was a changed woman, and I amused myself with the notion that when she was[2] very old lady, with many years of perfect respectability behind her, the past, the lurid past, would seem to belong not to her but to someone long since dead whom once she had vaguely known. For women have an enviable faculty of forgetting.

But who can tell what the fates[3] have in store ? In the twinkling[4] of an eye all was changed. Peter Vermont, after ten years of an ideal marriage, fell[5] madly in love with a girl called Barbara Canton. She was a nice girl, the youngest daughter of Lord Robert Canton who was at one time[6] Under-Secretary for Foreign Affairs[7], and she was pretty in a fair and fluffy[8] way. Of course she was not for a moment to be compared with Lady Elizabeth. Many people knew what had happened, but no one could tell whether Elizabeth Vermont had any inkling of it, and they wondered how she would meet a situation that was so foreign to her experience. It was always she who had discarded her lovers ; none[9] had deserted her. For my part I thought she would make short work of little Miss Canton ; I knew her courage and her adroitness. All this was in my mind now while we chatted over[10] our luncheon. There was nothing in her demeanour, as gay, charming, and frank as usual, to suggest that anything troubled her.

1.m.à m. *cela paraissait comme si son histoire était racontée.* **It looks as though** (ou **as if**) : *cela semble, cela a l'air, on dirait.* Noter aussi que **were** est ici le subjonctif de **to be,** introduit par **as though.**
2. **when she was** : emploi du prétérit et non pas du conditionnel, comme en français.
3. **the fates** pour **fate** ou **destiny** est une formule archaïque. A noter : **the Fates :** *les Parques, les Soeurs Filandières.*
4. **to twinkle :** *scintiller, clignoter.*
5. **to fall, fell, fallen** : *tomber.* **To fall in love :** *tomber amoureux, s'éprendre*

Personne n'aurait pu douter de la ferveur de son amour. Après avoir été le sujet de tant de conversations et pendant si longtemps, Elisabeth Vermont cessa de faire parler d'elle. On aurait dit que son histoire était terminée. Ce n'était plus la même femme et je songeais avec amusement que, quand elle serait une très vieille dame, après maintes années de parfaite respectabilité, son passé, son passé tragique, ne semblerait plus lui appartenir à elle mais à une personne morte depuis longtemps, qu'elle avait vaguement connu autrefois. Car les femmes ont un pouvoir d'oublier particulièrement enviable.

Mais qui pourrait vous dire ce que le destin vous réserve ? En un clin d'œil, la situation changea. Pierre Vermont, après dix ans de mariage, tomba éperdument amoureux d'une jeune fille du nom de Barbara Canton. C'était une aimable jeune personne, la fille cadette de Lord Robert Canton qui fut jadis vice-ministre des Affaires étrangères. Elle était d'une joliesse blonde et vaporeuse. Elle ne pouvait pas bien sûr être comparée un seul instant à Lady Elisabeth. Beaucoup de monde était au courant, mais personne ne savait si Elisabeth Vermont avait eu vent de la chose et l'on se demandait comment elle ferait face à une situation qui était si nouvelle pour elle. C'était toujours elle qui avait congédié ses amants ; aucun d'eux ne l'avait abandonnée. Pour ma part, je pensais qu'elle ne ferait qu'une bouchée de la petite Mademoiselle Canton. Je connaissais son courage et son habileté. Je songeais à tout cela en bavardant avec elle pendant notre déjeuner. Rien dans son attitude qui était gaie, charmante et directe comme à son habitude, n'indiquait qu'elle avait la moindre inquiétude.

---

6. **at one time = once = in the old days** : *jadis, autrefois.*
7. **The Foreign Secretary :** *le ministre de Affaires étrangères.*
The Foreign Office : *le Ministère des Affaires étrangères.* Noter bien la prononciation de **foreign** ['fɔrɪn] et ne faites surtout pas rimer le mot avec le français *règne.*
8. **fluffy** : *peluicheux, duveteux.*
9. **none = not one :** *pas un, aucun.*
10. Noter l'emploi de **over** avec un sens temporel : *tout en, pendant que.* **We shall discuss it over a glass of beer :** *nous en discuterons en buvant une bière, devant un verre de bière.*

She talked as she always talked, lightly but with good sense and a lively perception of the ridiculous[1], of the various topics[2] which the course of conversation brought forward. I enjoyed myself[3]. I came to the conclusion that by some miracle she had no notion of Peter's changed feelings, and I explained this to myself by the supposition that her love for him was so great, she could not conceive that his for her might be less.

We drank[4] our coffee and smoked a couple of cigarettes, and she asked me the time.

"A quarter to three."

"I must ask for my bill[5]."

"Won't you let me stand you lunch ?"

"Of course," she smiled.

"Are you in a hurry ?"

"I'm meeting[6] Peter at three."

"Oh, how is he ?"

"He's very well."

She gave a little smile, that tardy[7] and delightful smile of hers, but I seemed to discern in it a certain mockery. For an instant she hesitated and she looked at me with deliberation[8].

"You like curious situations, don't you ?" she said. "You'd never guess the errand[9] I'm bound[10] on. I rang up[11] Peter this morning and asked him to meet me at three. I'm going to ask him to divorce[12] me."

"You're not," I cried. I felt myself flush and did not know what to say. "I thought you got on so well together[13].

---

1. m. à m. *une perception vive du ridicule*. **Lively** : *vif, plein de vie, enjoué.*

2. **a topic = a subject for discussion** : *un thème de discussion, un sujet de conversation*. **Topical** : *qui se rapporte au sujet, à l'actualité*. **A topical question** : *une question d'actualité*.

3. **to enjoy oneself** : *s'amuser, se divertir, prendre du bon temps.* **Did you enjoy yourself last night ?** : *Vous êtes-vous bien amusé hier soir ?*

4. **to drink, drank, drunk. A drunk** : *un ivrogne.*

5. **the bill** : *l'addition, la facture, la note, l'ardoise.*

6. Noter l'emploi très courant du présent continu pour exprimer un futur proche.

Elle parlait comme toujours de sa façon frivole, mais avec intelligence et un sens aigu du ridicule, des sujets divers que le cours de la conversation apportait. J'éprouvais du plaisir. Je finis par conclure que, par miracle, elle ignorait tout du changement dans les sentiments de Pierre. Je m'expliquai cela en supposant qu'elle l'aimait tellement qu'elle ne pouvait imaginer que son amour pour elle pût être moins profond.

Après avoir pris le café et fumé deux ou trois cigarettes, elle me demanda l'heure.

– Trois heures moins le quart.

– Il faut que je demande mon addition.

– Permettez-moi de vous offrir ce déjeuner ?

– Bien volontiers, dit-elle en souriant.

– Êtes-vous pressée ?

– J'ai rendez-vous avec Pierre à trois heures.

– Oh, comment va-t-il ?– Très bien.

Elle eut un petit sourire, son sourire à la fois charmant et nonchalant, mais je crus y discerner une certaine ironie. Elle hésita un moment puis me regarda posément.

– Vous aimez les situations bizarres, n'est-ce-pas ? dit-elle. Vous ne devinerez jamais ce que je vais faire. J'ai téléphoné à Pierre ce matin pour lui donner rendez-vous à trois heures. Je vais lui demander le divorce.

– Vous n'allez pas faire ça, m'écriai-je. Je me sentais rougir, ne sachant pas quoi dire. Je croyais que vous vous entendiez si bien.

---

7. **tardy** : *lent, nonchalant.*
8. **deliberation** veut dire ici *lenteur.* **With deliberation :** *avec lenteur, sans se hâter. Délibérations* (d'une assemblée, etc) : **proceedings.**
9. **errand :** *le but, l'objet (d'un déplacement, d'une visite)*
10. **to bind, bound, bound. To be bound to :** *être contraint, obligé, forcé de.* **It was bound to happen :** *cela devait arriver.*
11. **to ring, rang, rung. To ring up :** *téléphoner.* **Ring me up as soon as you are back :** *téléphonez-moi dès votre retour.*
12. **to divorce** : *divorcer.* **A divorcee** : *un(e) divorcé(e).*
13. **to get on with sbd :** *s'entendre, s'accorder (avec qqn).* **They get on very well :** *ils s'entendent à merveille.*

"Do you think it's likely[1] that I shouldn't know what all the world knows ? I'm really not such a fool[2] as all that."

She was not a woman to whom it was possible to say what one did not believe and I could not pretend[3] that I did not know what she meant[4]. I remained silent for a second or two.

"Why should you allow yourself to be divorced ?"

"Robert Canton is a stuffy[5] old thing. I very much doubt if he'd let Barbara marry Peter if I divorced him. And for me, you know, it isn't of the smallest consequence : one divorce more or less..."

She shrugged her pretty shoulders[6].

"How do you know he wants to marry her ?"

"He's head over ears in love with her."

"Has he told you so ?"

"No. He doesn't even know that I know. He's been so wretched, poor darling. He's been trying so hard not to hurt[7] my feelings."

"Perhaps it's only a momentary infatuation, 'I hazarded.' It may pass[8]."

"Why should it ? Barbara's young and pretty. She's quite nice. They're very well suited to one another. And besides[9], what good would it do if it did pass[10] ? They love each other now and the present in love is all that matters. I'm nineteen years older than Peter. If a man stops loving a woman old enough[11] to be his mother do you think he'll ever come to love her again ? You're a novelist[12], you must know[13] more about human nature than that."

---

1. **likely** : *vraisemblable, probable*. **He is likely to come** : *il y a des chances qu'il vienne ; il se peut qu'il vienne.*

2. **to be a fool** : *être stupide, idiot.* **Don't be a fool !** : *ne soyez pas bête !* **He is no fool** : *ce n'est pas un imbécile.*

3. **to pretend** est un verbe qui a souvent le sens de *faire semblant.*

4. **to mean, meant, meant** : *vouloir dire, signifier.*

5. autre sens de **stuffy** : *qui sent le renfermé.*

6. **she shrugged her shoulders** : *elle haussa les épaules.* Noter l'emploi systématique des adjectifs possessifs à la place des articles définis devant les parties du corps et les vêtements.

7. **to hurt** : *faire mal, blesser.* **That doesn't hurt** : *cela ne fait pas mal.*

– Pensez-vous réellement que j'ignore ce que tout le monde sait ? Je ne suis vraiment pas stupide à ce point.

Ce n'était pas une femme à qui l'on pouvait mentir et je ne pouvais pas faire semblant d'ignorer ce qu'elle voulait dire. Je restai silencieux pendant quelques instants.

– Pourquoi prendriez-vous l'initiative du divorce ?

– Robert Canton est un vieux monsieur, plein de préjugés. Cela m'étonnerait beaucoup qu'il laisse Barbara épouser Pierre si c'est moi qui obtient le divorce. Pour ma part, vous savez, ça n'a pas la moindre importance : un divorce de plus ou de moins…

Elle haussa gracieusement les épaules.

– Comment savez-vous qu'il veut l'épouser ?

– Il en est éperdument amoureux.

– Il vous l'a dit ?

– Non. Il ne sait même pas que je suis au courant. Le pauvre chéri est si malheureux. Il fait vraiment tout son possible pour éviter de me faire de la peine.

– Ce n'est peut-être qu'une tocade passagère, hasardai-je. Cela peut très bien lui passer.

– Je ne vois pas pourquoi ? Barbara est jeune et jolie et très gentille. Ils vont très bien ensemble. Et d'ailleurs quel bien cela me ferait-il si cela ne durait pas ? Ils s'aiment pour le moment et en amour seul le présent compte. J'ai dix-neuf ans de plus que Pierre. Si un homme n'aime plus une femme en âge d'être sa mère, croyez-vous qu'il puisse jamais l'aimer à nouveau ? Vous êtes romancier, vous devriez connaître un peu mieux la nature humaine.

---

8. **it may pass** : *il se peut que cela passe, cela passera peut-être*. **May** exprime ici la probabilité, l'éventualité.

9. **besides = moreover, also** : *de plus, en plus* ; *d'ailleurs*.

10. **if it did pass**. **Did** est ici une forme d'insistance : *si cela devait passer*. Aux temps simples, l'insistance nécessite l'emploi de **do, does, did**. Examples : **I do understand** : *je comprends bien*. **She did come** : *elle est bien venue*.

11. **old enough** : *assez vieille*. Notez la postposition obligatoire de **enough** avec les adjectifs.

12. **a novelist** : *un romancier*. **A novel** : *un roman*. **A detective story** : *un roman policier*. *Une nouvelle* : **a short story**.

13. m. à m. : *vous devez certainement connaître*

"Why should you make this sacrifice ?"

"When he asked me to marry him ten years ago I promised him that when he wanted his release[1] he should have it. You see there was so great a disproportion[2] between our ages I thought that was only fair."

"And are you going to keep a promise[3] that he hasn't asked you to keep ?"

She gave a little flutter[4] of those long thin hands of hers and now I felt that there was something ominous[5] in the dark glitter[6] of that emerald.

"Oh, I must, you know. One must behave like a gentleman. To tell you the truth, that's why I'm lunching here today. It was at this table that he proposed[7] to me ; we were dining together, you know, and I was sitting just where I am now. The nuisance[8] is that I'm just as much in love with him now as I was then." She paused for a minute and I could see[9] that she clenched her teeth. "Well, I suppose I ought to go[10]. Peter hates one to keep him waiting[11]."

She gave me a sort of little helpless look and it struck[12] me that she simply could not bring herself to rise[13] from her chair. But she smiled and with an abrupt gesture sprang[14] to her feet.

"Would you like me to come with you ?"

"As far as the hotel door[15]," she smiled.

We walked through the restaurant and the lounge and when we came to the entrance a porter swung round[16] the revolving doors. I asked if she would like a taxi.

---

1. **release** : *délivrance, libération.*
2. **so great a disproportion** : *une si grande disproportion.* Attention à l'ordre des mots en anglais.
3. **to keep one's promise** : *tenir sa promesse.*
4. **flutter** : *battement, agitation, oscillation.*
5. **ominous** : *inquiétant, de mauvais augure ; sinistre.*
6. **to glitter** : *étinceler, rayonner.* **All that glitters is not gold** : *tout ce qui brille n'est pas d'or.*
7. **to propose** : *demander en mariage.*
8. **nuisance** : *inconvénient, ennui.* **This child is a real nuisance** : *cet enfant est un vrai tourment.*
9. m. à m. *je pouvais voir.* Les verbes de perception s'emploient couramment avec **can**. Exemples : **I can hear her sing** : *je l'entends chanter, (je peux l'entendre chanter).* **The house could be seen from the top of the hill** : *on voyait la maison du sommet de la colline.*

156

– Pourquoi feriez-vous un tel sacrifice ?

– Quand il m'a demandé de l'épouser, il y a dix ans, je lui ai promis de lui rendre sa liberté quand il la voudrait. Voyez-vous, notre différence d'âge était si grande qu'il m'a semblé que ce n'était que justice.

– Et allez-vous tenir une promesse qu'il ne vous a pas demandé de tenir ?

Un mouvement léger agita ses longues mains maigres et j'eus alors l'impression qu'il y avait quelque chose de sinistre dans l'éclat sombre de son émeraude.

– Oh, il le faut, vous savez. je dois me conduire en gentleman. A dire vrai, c'est pour ça que je déjeune ici aujourd'hui. C'est à cette même table qu'il m'a demandé en mariage ; nous dînions ensemble, voyez-vous, et j'étais assise à l'endroit précis où je suis maintenant. L'ennui c'est que je l'aime toujours autant que je l'aimais. Elle s'interrompit un instant et je vis qu'elle serrait les dents. Eh bien, je crois qu'il faut que je m'en aille. Pierre déteste qu'on le fasse attendre.

Elle m'adressa un petit regard de détresse et je compris soudain qu'elle ne pouvait pas se résoudre à se lever de sa chaise. Mais elle sourit et se leva d'un bond.

– Voulez-vous que je vous accompagne ?

– Jusqu'à la porte de l'hôtel, dit-elle en souriant.

Nous traversâmes le restaurant, puis le hall et quand nous arrivâmes à la sortie, un chasseur poussa pour nous la porte à tambour. Je lui demandai si elle voulait un taxi.

---

10. **I ought to go = I should go** : *je devrais y aller.*
11. **to keep sbd waiting** : *faire attendre qqn.* **I really don't like to be kept waiting** : *je n'aime vraiment pas qu'on me fasse attendre.*
12. **to strike, struck, struck**.
13. **to rise, rose, risen** : *se lever.* **To get up** : *se lever quand on est couché.*
14. **to spring, sprang, sprung** : *sauter, bondir.*
15. m. à m. : *aussi loin que la porte.*
16. m. à m. : *fit tourner.* **To swing, swung, swung.**

"No, I'd sooner walk[1], it's such a lovely day." She gave me her hand. "It's been so nice to see you. I shall go abroad[2] tomorrow, but I expect to be in London all the autumn. Do ring me up[3]."

She smiled and nodded and turned away. I watched her walk up Davies Street. The air was still bland and springlike, and above the roofs little white clouds were sailing leisurely in a blue sky. She held herself very erect and the poise of her head was gallant[4]. She was a slim and lovely figure so that people looked at her as they passed. I saw her bow graciously to some acquaintance who raised his hat, and I thought that never in a thousand years would it occur to him that she had a breaking heart. I repeat, she was a very honest[5] woman.

---

1. **I'd sooner walk = I had** ou **I would sooner walk** : *je préférerais marcher*. La forme contractée **'d** vaut aussi bien pour **had** que pour **would**, mais **had** est la forme la plus courante. La préférence s'exprime en priorité avec **had rather : I had rather go home** : *je préférerais rentrer*. Noter aussi l'existence de **had better** au sens de *faire mieux* : **I had better stay here** : *je ferais mieux de rester ici, il vaudrait mieux que je reste ici.*
2. Attention à la prononciation de **abroad** [əˈbrɔːd] qui ne rime pas avec **road** [rəʊd].

– Non. je préfère marcher, il fait si beau. Elle me tendit la main. J'ai été très heureuse de vous voir. Je pars demain pour l'étranger mais je pense être à Londres tout l'automne. J'espère bien que vous me téléphonerez.

Elle me fit en souriant un petit signe de tête avant de s'éloigner. Je la regardai remonter Davies Street. L'air restait doux et printanier et par dessus les toits de petits nuages blancs passaient lentement dans le ciel bleu. Elle se tenait très droite et le port de sa tête était superbe. Sa mince et belle silhouette attirait le regard des passants. Je la vis saluer gracieusement un homme de sa connaissance qui s'était découvert et je pensai que, jamais au grand jamais, il ne lui viendrait à l'esprit qu'elle avait le cœur brisé. C'était, je le répète, une femme tout à fait sincère.

---

3. il s'agit de la forme d'insistance. **Do ring me up** : *n'oubliez pas de me téléphoner, téléphonez-moi, je vous en prie.*
4. **gallant** : le sens le plus courant de cet adjectif est *brave, courageux.*
5. Attention à ne pas prononcer le **h** dans **honest** ['ɔnest] dans **honesty** ['ɔnestɪ].

The Verger

Le bedeau

There had been a christening[1] that afternoon at St Peter's[2], Neville Square[3], and Albert Edward Foreman still wore his verger's gown. He kept his new one, its folds as full and stiff[4] as though it were[5] made not of alpaca but of perennial bronze, for funerals and weddings (St Peter's, Neville Square, was a church much favoured by the fashionable[6] for these ceremonies) and now he wore only his second-best. He wore[7] it with complacence[8], for it was the dignified symbol of his office, and without it (when he took it off to go home) he had the disconcerting sensation of being somewhat insufficiently clad. He took pains with it[9] ; he pressed it and ironed[10] it himself. During the sixteen years he had been verger of this church he had had a succession of such gowns, but he had never been able to throw them away when they were worn out and the complete series, neatly wrapped up in brown paper, lay in the bottom drawers[11] of the wardrobe in his bedroom.

The verger busied himself quietly, replacing the painted wooden cover on the marble font, taking away a chair that had been brought for an infirm old lady, and waited for[12] the vicar[13] to have finished in the vestry so that he could tidy up in there and go home. Presently he saw him walk across the chancel[14], genuflect in front of the high altar, and come down the aisle[15], but he still wore his cassock.

"What's he 'anging[16] about for ?" the verger said to himself. "Don't 'e[16] know I want my tea ?"

---

1. Attention à la prononciation de **christening** ['krɪsnɪŋ] Cf. : **listen** (écouter) [ ] ; **fasten** (attacher) ['fɑːsən] etc. Le **t** est toujours muet.

2. **St Peter's = St Peter's church**. Il s'agit du cas possessif incomplet qui s'emploie couramment pour désigner une église, une école, un hôpital, un magasin ou une maison. **I am going to my uncle's** : je vais chez mon oncle ; **the butcher's is round the corner** : le boucher est au coin de la rue, etc.

3. **Neville Square = Place Neville.**

4. **stiff** : raide rigide.

5. **as though it were = as if it were. Were** est ici le subjonctif de **to be.**

6. **the fashionable** : le beau monde (formule désuète). **Fashionable** : à la mode, en vogue ; élégant.

7. **to wear, wore, worn** : porter (un vêtement).

8. **complacence = complacency** : satisfaction (le plus souvent

Cet après-midi là, il y avait eu un baptême à l'église Saint-Pierre de Neville Square et Albert Édouard Foreman portait encore sa robe de bedeau. Ce n'était que sa tenue numéro deux car il réservait la nouvelle, aux plis si amples et si rigides qu'on l'eût dite faite non pas d'alpaga mais d'un bronze éternel, pour les enterrements et pour les mariages (l'église Saint-Pierre de Neville Square jouissait d'un grand prestige auprès des gens du monde). Il la portait avec satisfaction car elle était le digne symbôle de sa fonction et sans elle (quand il la quittait pour rentrer chez lui) il avait l'impression troublante d'être insuffisamment vêtu. Il en prenait grand soin ; il la repassait lui-même. Depuis seize ans qu'il était bedeau de cette église, il avait eu toute une série de ces robes, mais il n'avait jamais pu les jeter quand elles étaient usées. La collection complète, soigneusement enveloppée dans du papier d'emballage, s'empilait sur les tiroirs du bas de l'armoire de sa chambre.

Le bedeau s'activait en silence. Il replaça le couvercle de bois peint sur les fonts baptismaux et enleva la chaise qu'on avait apporté pour une vieille dame infirme. Il attendait que le curé ait fini dans la sacristie pour y mettre de l'ordre avant de rentrer chez lui. Il le vit bientôt traverser le chœur, faire une génuflexion devant le maître-autel et descendre la nef latérale. Il portait encore sa soutane.

Qu'est-ce-qu'il a à traîner comme ça ? se demanda le bedeau. Y sait pas que je veux rentrer manger ?

---

avec une connotation péjorative : *suffisance*).

9. m. à m. : ...*il se donnait beaucoup de mal avec*. Le sens le plus courant de **pain** est *douleur*. **Painful** : *douloureux*.

10. **to press** et **to iron** ont tous les deux le sens de *repasser*.

11. **the bottom drawer :** *le tiroir du bas* contr. **the top drawer :** *le tiroir du haut*.

12. Noter la structure : **he waited for me to come :** *il a attendu que j'arrive, mon arrivée*.

13. **vicar :** *curé* ; **curate :** *vicaire*.

14. **chancel** : *le chœur* (d'une église) ; **choir** : *le chœur, la maîtrise* ; **heart** : *le cœur (viscère)*.

15. **aisle** [ɑil] : *le bas-côté, la nef latérale* et aussi *le passage* entre deux rayons dans un magasin.

16. Il s'agit du parler cockney, c'est-à-dire du parler londonien populaire avec sa non- prononciation des **h** (**'anging** pour **hanging**, **'e** pour **he**) et sa grammaire fautive (**don't 'e** pour **doesn't he**).

The vicar had been but[1] recently appointed[2], a red-faced energetic man in the early forties[3], and Albert Edward still regretted his predecessor, a clergyman[4] of the old school who preached leisurely sermons in a silvery voice and dined out[5] a great deal[6] with his more aristocratic parishioners. He liked things in church to be just so, but he never fussed ; he was not like this new man who wanted to have his finger in every pie[7]. But Albert Edward was tolerant. St Peter's was in a very good neighbourhood[8] and the parishioners were a very nice class of people. The new vicar had come from the East End[9] and he couldn't be expected to fall in all at once with the discreet ways of his fashionable congregation[10].

"All this 'ustle[11]," said Albert Edward. "But give 'im[11] time, he'll learn."

When the vicar had walked down the aisle so far that he could address the verger without raising his voice more than was becoming in a place of worship[12] he stopped.

"Foreman, will you come into the vestry for a minute. I have something to say to you."

"Very good[13], sir."

The vicar waited for him[14] to come up and they walked up the church together.

"A very nice christening, I thought, sir. Funny 'ow[15] the baby stopped cryin'[15] the moment you took him.

---

1. **but** a ici un sens restrictif et veut dire *ne... que.*
2. **to be appointed to a post** : *être nommé à un poste.* **An appointment** : *une nomination* ; a aussi le sens de *un rendez-vous.*
3. **in the early forties = in his early forties** (plus courant) : *entre 40 et 45 ans* contr. **in his late forties** : *entre 45 et 50 ans.*
4. **clergyman** : ici, *un pasteur* car il s'agit de l'Église anglicane donc protestante ; on pourrait traduire par *prêtre* pour un écclésiastique catholique. Autre traduction de *prêtre* : **priest.**
5. **to dine out** : *dîner dehors, en ville.* **To dine in** : *dîner à la maison, chez soi.*
6. **a great deal = a lot.**
7. m. à m. *avoir son doigt dans chaque pâté : se mêler de tout.*
8. **neighbourhood :** *voisinage, quartier ; proximité, environs.*

Le curé n'avait pas la charge de la paroisse depuis long-temps. C'était un homme rougeaud et énergique d'une quarantaine d'années. Albert Édouard regrettait encore son prédécesseur, un pasteur de la vieille école, qui prêchait calmement de sa voix argentine et dînait souvent en ville chez ses paroissiens les plus aristocratiques. Il aimait que tout dans l'église fût à sa place mais il ne se montrait jamais tatillon ; il n'était pas comme le nouveau qui voulait se mêler de tout. Mais Albert Édouard était tolérant. Saint-Pierre était dans un très beau quartier et les fidèles appartenaient à la bonne société. Le nouveau curé venait de l'East End et on ne pouvait pas lui demander de s'adapter immédiatement aux usages discrets de cette paroisse élégante.

Toute cette agitation, se disait Albert Édouard.

Mais y s'y f'ra avec le temps.

Quand le curé fut descendu suffisamment pour pouvoir s'adresser au bedeau sans élever la voix plus qu'il ne convenait dans un lieu consacré, il s'arrêta.

— Foreman, voulez-vous venir à la sacristie quelques instants ? Il faut que je vous parle.

— Très bien, Monsieur le Curé.

Le curé attendit qu'il arrive à sa hauteur et ils remontèrent la nef côte à côte.

— Un bien beau baptême, à mon avis, Monsieur le Curé. C'est drôle la façon dont le bébé s'est arrêté de pleurer dès que vous l'avez pris dans vos bras !

---

9. **The East End :** *les quartiers est* de Londres, pauvres et populaires. **The West End :** *les quartiers ouest* de Londres, chic, riches et résidentiels.

10. **congregation :** *les assistants à un office religieux, les fidèles.* Peut aussi traduire *paroissiens.*

11. **'ustle = hustle, 'im = him** (parler cockney).

12. **a place of worship :** *un lieu de culte.* **To worship :** *adorer, rendre un culte à, prier.*

13. **very good = very well.**

14. **he waited for me to come :** *il a attendu que j'arrive, il a attendu mon arrivée.*

15. **'ow = how, cryin' = crying** (parler cockney).
Noter **he stopped crying :** *il s'arrêta de pleurer* et **he stopped to cry :** *il s'arrêta pour pleurer.*

"I've noticed they very often do," said the vicar, with a little smile. "After all I've had a good deal of practice with them."

It was a source of subdued pride to him that he could nearly always quiet[1] a whimpering infant[2] by the manner in which he held it and he was not unconscious of the amused admiration with which mothers and nurses watched him settle the baby in the crook of his surpliced arm. The verger knew that it pleased him to be complimented[3] on his talent.

The vicar preceded Albert Edward into the vestry. Albert Edward was a trifle[4] surprised to find the two churchwardens there. He had not seen them come in. They gave him pleasant nods.

"Good afternoon, my lord[5]. Good afternoon, sir[6]," he said to one after the other.

They were elderly[7] men, both of them[8], and they had been churchwardens almost as long as Albert Edward had been verger. They were sitting now at a handsome refectory table that the old vicar had brought many years before from Italy and the vicar sat down in the vacant[9] chair between them. Albert Edward faced them, the table between him and them, and wondered with slight uneasiness what was the matter[10]. He remembered still the occasion on which the organist had got into trouble[11] and the bother they had all had to hush[12] things up.

---

1. **to quiet = to calm down**. Attention à la prononciation [kwɑɪət].

2. **an infant** : *un tout petit enfant, un nourrisson*. **A baby** : *un bébé*.

3. **to compliment sbd. on sth** : *complimenter, féliciter qqn. de qqch.*

4. **a trifle = a little** : *quelque peu*.

5. **my lord** : *votre Seigneurie*. L'un des marguilliers est titré mais l'auteur n'indique pas son titre qui pourrait être vicomte, baron, comte ou marquis.

6. **sir** sera traduit ici par *mon général* car nous apprenons plus loin que l'autre marguillier est général. **Sir** s'emploie dans les forces armées quand on s'adresse à un officier et correspond en français au grade précédé de *mon*.

– J'ai remarqué que c'était très souvent le cas, dit le curé avec un petit sourire. Après tout, j'en ai une grande habitude.

C'était pour lui une source de fierté contenue de pouvoir presque toujours calmer un bébé pleurnichard en le tenant d'une certaine manière. Il n'était pas insensible à l'admiration amusée avec laquelle les mères et les nourrices le regardaient installer le bébé au creux de son bras, sur la manche du surplis. Le bedeau savait bien qu'il aimait être complimenté pour son talent.

Le curé pénétra le premier dans la sacristie. Albert Édouard fut quelque peu surpris d'apercevoir les deux marguilliers. Il ne les avait pas vu entrer. Ils lui firent de la tête un aimable salut.

– Bonjour, votre Seigneurie. Bonjour, mon Général, leur dit-il, à tour de rôle.

Ils étaient tous les deux d'un âge respectable et étaient marguilliers depuis presque aussi longtemps qu'Albert Édouard était bedeau. Pour l'instant, ils étaient assis à une belle table de réfectoire que l'ancien curé avait rapporté d'Italie, bien des années plus tôt, et le nouveau curé prit place sur la chaise vide qui les séparait. De l'autre côté de la table, Albert Édouard leur faisait face et se demandait, un peu inquiet, ce qu'il y avait. Il n'avait pas oublié la fois où la jeune organiste s'était fait mettre à mal et le tracas qu'ils s'étaient tous donnés pour étouffer l'affaire.

---

7. **elderly** : *âgé, d'un âge certain*. **The elderly** : *le troisième âge.*
8. **both of them** : *tous les deux*. **Both of us** : *nous deux.*
9. **vacant = empty** : *vide.*
10. **what's the matter ?** : *qu'est-ce-qu'il y a ?* **What's the matter with you ?** : *Qu'est-ce-que vous avez ?*
11. **to get a girl into trouble** = euphémisme pour *engrosser, mettre enceinte*. Le sens courant de **get into trouble** est *avoir des ennuis, des problèmes.*
12. **hush ! = be silent !** : *chut ! silence !* **To hush** : *se taire, faire silence* ; **to hush up** : *passer sous silence, taire (qqch de secret, de confidentiel ou de gênant), étouffer.*

In a church like St Peter's, Neville Square, they couldn't afford[1] a scandal. On the vicar's red face was a look of resolute benignity, but the others bore an expression that was slightly troubled.

"He's been naggin'[2] them, he 'as[3]," said the verger to himself.

"He's jockeyed them into doin'[4] something, but they don't 'alf[5] like it. That's what it is, you mark my words[6]."

But his thoughts did not appear on Albert Edward's clean-cut and distinguished features. He stood in a respectful but not obsequious attitude. He had been in service before he was appointed to his ecclesiastical office, but only in very good houses, and his deportment was irreproachable. Starting as a page-boy[7] in the household of a merchant-prince[8], he had risen[9] by due degrees from the position of fourth to first footman[10], for a year he had been single-handed butler[11] to a widowed peeress[12], and, till the vacancy[13] occurred at St Peter's, butler with two men under him in the house of a retired[14] ambassador. He was tall, spare[15], grave, and dignified. He looked, if not like a duke, at least like an actor of the old school who specialized in dukes' parts[16]. He had tact, firmness, and self-assurance. His character[17] was unimpeachable.

The vicar began briskly.

---

1. **I can't afford to buy a car** : *je ne peux pas, je n'ai pas les moyens de m'acheter une voiture.*

2. **naggin' = nagging. To nag** : *être sans arrêt sur le dos de qqn.* **She is a real nag !** : *c'est une vraie mégère.*

3. **'as = has.**

4. **doin' = doing.**

5. **'alf = half. Half** est ici adverbe d'intensité avec le sens de *tout à fait* ou *pas du tout* : **he was not half pleased** : *il était rudement content* ; **this wine is not half bad** : *ce vin n'est pas mauvais du tout.*

6. **mark my words** : *écoutez-moi bien ; notez-bien ce que je vous dis.*

7. **a page-boy** a aujourd'hui le sens de *chasseur (dans un hôtel).* **To page sbd** : *faire chercher qqn par un chasseur (dans un hôtel ou un restaurant)*

8. **a merchant** : *un négociant, un marchand en gros.* Pour traduire *marchand* en anglais vous utiliserez **shopkeeper.**

Dans une paroisse comme celle de Saint-Pierre de Neville Square, on ne pouvait pas se payer le luxe d'un scandale. Le visage rubicond du curé était empreint d'une bienveillante fermeté, mais une certaine inquiétude se lisait sur le visage des deux autres.

– Y l'a dû les tarabuster, pour sûr, se dit le bedeau.

– Y les a entortillés pour leur faire faire quelque chose qui leur plaît pas du tout. C'est sûrement ça et je sais ce que je dis.

Mais son visage distingué aux traits bien dessinés ne laissait rien paraître de ses pensées. Il avait une attitude respectueuse, dépourvue d'obséquiosité. Avant d'être nommé à cette fonction paroissiale, il avait été domestique, mais seulement dans de très bonnes maisons et sa conduite avait été irréprochable. Après avoir débuté comme petit valet dans la maison d'un gros négociant, il s'était élevé progressivement du rang de quatrième à celui de premier valet. Pendant un an, il avait été seul maître d'hôtel chez la veuve d'un pair du royaume et, jusqu'à la vacance de ce poste à l'église, maître d'hôtel avec deux serviteurs sous ses ordres chez un ambassadeur à la retraite. Il était grand et mince ; il avait un air grave, empreint de dignité. On aurait dit, sinon un duc, du moins un acteur de la vieille école préposé aux rôles de grands seigneurs. Il avait du tact, de la fermeté et de l'assurance. Sa moralité était irréprochable.

Le curé commença d'un ton animé.

---

9. **to rise, rose, risen.**

10. **footman** : *valet de pied, laquais.* A aussi, dans le vocabulaire militaire le sens de *fantassin.*

11. **butler** a aussi le sens de *sommelier* (**wine butler**).

12. **peeress** : *pairesse.* **Peer** : *pair (du royaume).* Attention à la prononciation de **peer** [pɪəʳ], **pier** (*le quai, la jetée*) [pɪəʳ] **pear** (*la poire*) [peəʳ].

13. **a vacancy = a vacant job, post** : *un poste, un emploi vacant.*

14. **to retire** : *prendre sa retraite* et aussi *mettre à la retraite.* **Retirement** : *la retraite.* **Early retirement** : *retraite anticipée.* **A retiree** : *un retraité.*

15. **spare = lean, thin** : .*mince, élancé.* **Spare** a aussi le sens courant de *disponible.* **A spare room** : *une chambre d'ami.* **Spare parts** : *pièces détachées*

16. **a part** : *un rôle.* **To play a part** : *jouer un rôle.*

17. **character** est un faux ami qui a le sens de *personnage, de rôle et de moralité, qualités morales, réputation.*

"Foreman, we've got something rather unpleasant to say to you. You've been here a great many[1] years and I think his lordship and the general agree with me that you've fulfilled the duties[2] of your office[3] to the satisfaction of everybody concerned."

The two churchwardens nodded.

"But a most extraordinary circumstance came to my knowledge the other day and I felt it my duty to impart it to the churchwardens. I discovered to my astonishment[4] that you could neither read nor[5] write."

The verger's face betrayed no sign of embarrassment.

"The last vicar knew that, sir," he replied. "He said it didn't make no difference[6]. He always said there was a great deal too much[7] education[8] in the world for 'is taste."[9]

"It's the most amazing[10] thing I ever heard," cried the general. "Do you mean to say that you've been verger of this church for sixteen years and never learned[11] to read or write ?"

"I went into service when I was twelve, sir. The cook[12] in the first place tried to teach me once, but I didn't seem to 'ave the knack[13] for it, and then what with one thing and another[14] I never seemed to 'ave[15] the time. I've never really found the want[16] of it. I think a lot of these young fellows waste a rare lot of time readin'[17] when they might be doin'[17] something useful."

---

1. **a great many = a good many** : *un bon, un grand nombre de...*
2. **the duties** : *les devoirs, les fonctions, les attributions.* **Customs duties** : *les droits de douane.*
3. le sens le plus courant d'**office** est évidemment *bureau*.
4 **to my astonishment = to my great surprise.**
5. **neither.nor** : *ni... ni...* **Either.or** : *soit... (ou)... soit... (ou)...*
6. **it didn't not make no difference** : double négation du parler populaire (et pas seulement cockney) pour **it didn't make any difference.**
7. **a great deal too much = far too much** : *bien, beaucoup trop.*
8. **education** est le mot anglais qui correspond à *instruction, enseignement, formation.*
9. **for 'is taste = for his taste.**
10. **amazing = astonishing = greatly surprising.**

– Foreman, nous avons quelque chose d'assez désagréable à vous dire. Vous êtes ici depuis de nombreuses années et je crois que Sa Seigneurie et le Général s'accordent avec moi pour trouver que vous avez rempli les devoirs de votre charge à la satisfaction générale.

Et les deux marguilliers d'opiner du chef.

– Mais l'autre jour, j'ai appris quelque chose de vraiment extraordinaire et j'ai pensé qu'il était de mon devoir d'en faire part aux marguilliers. J'ai découvert, à ma grande surprise, que vous ne saviez ni lire ni écrire.

Le visage du bedeau ne trahissait aucun embarras.

– L'ancien curé le savait, Monsieur, répondit-il. Il disait que ça n'avait pas d'importance. Il disait toujours qu'à son goût, y avait bien trop d'instruction dans le monde.

– Je n'ai jamais entendu quelque chose de plus stupéfiant, s'écria le général. Si je comprends bien, cela fait seize ans que vous êtes le bedeau de cette église et vous n'avez jamais appris à lire et à écrire ?

– J'ai été placé à l'âge de douze ans, mon général. Dans ma première place, la cuisinière essaya bien, un jour, de m'apprendre mais j'avais pas l'air d'être doué pour ça et puis après, pour une raison ou pour une autre, j'ai jamais trouvé le temps. Cela ne m'a jamais vraiment manqué. Je trouve que beaucoup de jeunes perdent un temps précieux à lire au lieu de faire quelque chose d'utile.

---

11. Noter l'emploi courant de to **learn** comme verbe régulier. **To learn, learnt, learnt. Learned** [ˈləːˈnd] mais **a learned man** [ˈləːˈnɪd] : *un homme instruit*.

12. **cook** est un nom du genre commun : *le cuisinier, la cuisinière*. **A cooker** : *une cuisinière (électrique, à gaz, etc.)*. **To cook** : *faire la cuisine, cuisiner*.

13. **'ave the knack. = have the knack for** : *avoir le don, être doué pour*. Attention k est muet dans les formations initiales **k + n** : **knee** (*genou*), **knife** (*couteau*), **know** (*savoir*), etc.

14. m. à m. : *avec une chose et une autre*.

15. **'ave = have**.

16. m. à m. : *le manque de cela*. Ne pas confondre **want** substantif avec le sens de *manque, besoin* et le verbe **to want** : *vouloir*.

17. **readin' = reading ; doin' = doing**.

"But don't you want to know the news[1] ?" said the other churchwarden. "Don't you ever want to write a letter ?"

"No, me lord[2], I seem to manage very well without[3]. And of late years now they've all these pictures in the papers I get to know what's goin' on[4] pretty well. Me wife's quite a scholar[5] and if I want to write a letter she writes it for me. It's not as if I was a bettin'[6] man."

The two churchwardens gave the vicar a troubled glance[7] and then looked down at the table[8].

"Well, Foreman, I've talked the matter over with these gentlemen and they quite agree with me that the situation is impossible. At a church like St Peter's, Neville Square, we cannot have a verger who can neither read nor write[9]"

Albert Edward's thin, sallow[10] face reddened[11] and he moved uneasily on his feet[12], but he made no reply.

"Understand me, Foreman, I have no complaint[13] to make against you. You do your work quite satisfactorily ; I have the highest opinion both of your character and of your capacity ; but we haven't the right to take the risk of some accident that might happen owing to[14] your lamentable ignorance. It's a matter of[15] prudence as well as of principle."

---

1. **the news** : *les nouvelles*. **News** est invariable et exige un verbe au singulier. **Here is the news** : *voici les nouvelles*. **A newspaper** : *un journal*.
2. **me lord = my lord, me wife = my wife** (parler cockney).
3. **without** : *sans*. **To do without : to go without** : *se passer de*.
4. **what's going on ?** *qu'est-ce qu'il y a ?, qu'est-ce qui se passe ?*
5. **a scholar** : *un savant, un érudit*. **A school boy /girl** : *un écolier, une écolière*.
6. **bettin' = betting** : *le fait de parier, les paris*. **To bet, bet, bet**. **A bet** : *un pari*.
7. **a glance** : *un regard, un coup d'œil*. **To glance (at)** : *jeter un coup d'œil, un regard (sur)*.

– Mais vous n'avez pas envie de connaître les nouvelles ? demanda l'autre marguillier. Vous n'avez jamais voulu écrire une lettre ?

– Non, Vot' Seigneurie, j'ai l'impression que je m'en passe fort bien et depuis ces dernières années qu'y a toutes ces photos dans les journaux, j'arrive assez bien à savoir ce qui se passe. Ma femme a une bonne instruction et si je veux écrire une lettre, elle l'écrit pour moi. Ça serait pas pareil si je jouais aux courses.

Les deux marguilliers regardèrent le bedeau d'un air inquiet puis baissèrent les yeux.

– Bon, Foreman, j'ai discuté de la question avec ces messieurs et ils sont tout à fait d'accord avec moi pour trouver que cette situation ne peut plus durer. Une église comme Saint-Pierre de Neville Square ne peut pas employer un bedeau illettré.

Le visage maigre et jaunâtre d'Albert Édouard s'empourpra. Il remua les pieds d'un air gêné mais ne répondit rien.

– Comprenez-moi bien, Foreman, je n'ai rien à vous reprocher. Votre travail donne toute satisfaction. J'ai la plus haute estime pour vos qualités morales et votre compétence ; mais nous n'avons pas le droit de courir le risque d'un incident qui pourrait avoir pour origine votre déplorable ignorance. C'est une question de prudence autant que de principe.

---

8. m. à m. : *baissèrent les yeux en direction de la table.*
9. m. à m. : *qui ne peut ni lire ni écrire.* **I can write** : *je peux écrire, je sais écrire.*
10. **sallow** : *jaunâtre, olivâtre, blafard.*
11. **redden** : *rougir.* Noter la formation de verbes à partir d'adjectifs avec l'adjonction du suffixe -**en** : **blacken** : *noircir*, **whiten** : *blanchir*, **gladden** : *réjouir, rendre heureux*, **sadden** : *attrister, rendre triste ; etc.*
12. m. à m. il se déplaça avec gêne sur ses pieds.
13. **complaint** : *reproche, réclamation, doléance.* **A letter of complaint** : *une lettre de réclamation.*
14. **owing to** : *à cause de, par suite de ; grâce à.*
15. **a matter of...** *une question de...*

"But couldn't you learn, Foreman ?" asked the general.

"No, sir, I'm afraid I couldn't[1], not now. You see, I'm not as young as I was[2] and if I couldn't seem able to get the letters in me 'ead[3] when I was a nipper I don't think there's much chance[4] of it now."

"We don't want to be harsh[5] with you, Foreman," said the vicar. "But the churchwardens and I have quite made up our minds[6]. We'll give you three months and if at the end of that time you cannot read and write I'm afraid you'll have to go."

Albert Edward had never liked the new vicar. He'd said from the beginning that they'd made a mistake when they gave him St Peter's. He wasn't the type of man they wanted with a classy[7] congregation like that. And now he straightened himself a little. He knew his value and he wasn't going to allow himself to be put upon[8].

"I'm very sorry, sir, I'm afraid it's no good[9]. I'm too old a dog[10] to learn new tricks. I've lived a good many years without knowin' 'ow[11] to read and write, and without wishin'[12] to praise myself[13], selfpraise is no recommendation, I don't mind sayin'[14] I've done my duty in that state[15] of life in which it 'as[16] pleased a merciful providence to place me, and if I could learn now I don't know as I'd want to[17]."

"In that case, Foreman, I'm afraid you must go."

---

1. m. à m... je crains que je ne pourrais pas.
2. On pourrait dire plus couramment **I'm not so young as I was**.
3. **in me 'ead** = in my head.
4. le sens le plus courant de **chance** est *hasard*. **By chance** : *par hasard*. **Luck** : *chance*. **Good luck !** : *bonne chance !* ; **hard luck !** : *pas de chance !*
5. **harsh = hard** : *dur*.
6. **to make up one's mind** : *se décider, prendre une décision*.
7. **classy** = *chic, tout ce qu'il y a de mieux*.
8. **to be put upon** : *se laisser faire, s'en laisser imposer*. **Don't be put upon by them** : *ne vous laissez pas faire par eux*.
9. **it's no good** : *c'est inutile, cela ne sert à rien*. **It's no good + -ing form** : *cela ne sert à rien de*. **It's no good trying** : *inutile d'essayer*.

174

– Mais vous pourriez apprendre, Foreman ? demanda le Général.

– Non, mon général, j'ai bien peur que non maintenant. Voyez-vous, je ne suis plus de première jeunesse ; et si j'ai pas pu me fourrer l'alphabet dans le crâne quand j'étais gosse, j'crois pas que j'aurais plus de chance maintenant. –

Nous ne voulons pas vous traiter durement, Foreman, dit le curé. Mais les marguilliers et moi-même avons arrêté notre décision. Nous allons vous accorder un délai de trois mois et si après ça, vous ne savez toujours pas lire et écrire, il faudra, j'en ai peur, vous en aller.

Albert Édouard n'avait jamais aimé le nouveau curé. Dès le début, il avait dit que c'était une erreur de lui avoir confié l'église Saint-Pierre. Ce n'était pas le genre d'homme qui convenait à une paroisse aussi distinguée. Il se redressa légèrement. Il connaissait sa valeur et il n'allait pas s'en laisser imposer.

– Je suis désolé, Monsieur le curé, mais je crains que ce soit inutile. Je suis un trop vieux singe pour apprendre à faire la grimace. Ça fait pas mal d'années que je vis sans savoir lire ni écrire et sans vouloir me vanter – car qui se loue s'emboue – je ne crains pas de dire que j'ai fait mon devoir dans la condition dans laquelle il a plu à la miséricordieuse providence de me placer. Et si je pouvais apprendre aujourd'hui, je sais pas si je le voudrais.

– Dans ce cas, Foreman, je crains qu'il vous faille partir.

---

10. Attention à l'ordre des mots : **too old a dog** : *un trop vieux chien.*
11. **knowin''ow = knowing how. I know how to swim = I can swim** : *je sais nager.*
12. **wishin' = wishing.**
13. **to praise** : *louer, faire l'éloge.* **Praiseworthy** : *digne d'éloges.*
14. **sayin'= saying.**
15. **state** a ici le sens de *rang, condition, qualité.*
16. **'as = has.**
17. **I don't know as I'd want to** est une tournure populaire et incorrecte pour **I don't know that I'd want to.**

"Yes, sir, I quite understand. I shall be 'appy to 'and in[1] my resignation as soon as[2] you've found somebody to take my place."

But when Albert Edward with his usual politeness had closed the church door behind the vicar and the two churchwardens he could not sustain the air of unruffled dignity with which he had borne the blow inflicted upon him and his lips quivered. He walked slowly back to the vestry and hung up[3] on its proper peg his verger's gown. He sighed as he thought[4] of all the grand[5] funerals and smart weddings it had seen. He tidied everything up, put on his coat, and hat in hand walked down the aisle. He locked the church door behind him. He strolled[6] across the square, but deep in his sad thoughts he did not take the street that led[7] him home, where a nice strong cup of tea awaited him ; he took the wrong turning. He walked slowly along. His heart was heavy. He did not know what he should do with himself. He did not fancy the notion of going back to domestic service ; after being his own master for so many years, for the vicar and churchwardens could say what they liked, it was he that had run[8] St Peter's, Neville Square, he could scarcely[9] demean himself by accepting a situation[10]. He had saved[11] a tidy[12] sum, but not enough to live on without doing something, and life seemed to cost[13] more every year. He had never thought to be troubled with such questions. The vergers of St Peter's, like the popes of Rome, were there for life.

---

1. 'appy to 'and in = happy to hand in. **To hand in** ou **to hand out one's resignation** : *remettre sa démission*. **To resign** : *démissioner*.
2. Attention : **as soon as**. n'est pas suivi du futur en anglais mais du présent. **I'll leave as soon as I am ready** : *Je m'en irai dès que je serai prêt.*
3. **to hang, hung, hung** : *pendre, suspendre.* Le verbe **to hang** est régulier lorsqu'il s'agit de *la pendaison* (peine capitale) : **the murderer was hanged at dawn** : *le meurtrier a été pendu à l'aube.*
4. m. à m : ...*il soupira alors qu'il pensait, en soupirant.*
5. **grand** au sens de *grandiose, remarquable.* **It's a great idea** ! : *c'est une idée géniale !*
6. **to go for a stroll** : *aller faire une promenade, aller se promener, aller faire un tour :* **to go for a walk.**

176

– Oui, Monsieur le curé, je comprends parfaitement. J'aurai le plaisir de vous remettre ma démission dès que vous m'aurez trouvé un remplaçant.

Mais, quand Albert Édouard, avec sa courtoisie habituelle, eut refermé la porte de l'église derrière le curé et les deux marguilliers, il fut incapable de conserver l'expression de dignité sereine avec laquelle il avait encaissé le coup qu'on lui avait porté, et ses lèvres frémirent. Il revint à pas lents jusqu'à la sacristie et suspendit sa robe de bedeau à sa patère habituelle. Il soupira à la pensée des beaux enterrements et des grands mariages auxquels elle avait assisté. Il remit tout en ordre, enfila sa veste et, le chapeau à la main, descendit la nef latérale. Il referma à clé la porte de l'église derrière lui. Il traversa la place sans se hâter, mais, absorbé par ses tristes pensées, il ne prit pas la rue qui le conduisait chez lui où l'attendait une tasse de thé bien fort ; il se trompa de tournant. Il marchait d'un pas lent, le cœur lourd, sans savoir ce qu'il devait faire. L'idée de retrouver une place de domestique ne lui plaisait guère ; après avoir été son propre maître si longtemps, car n'en déplaise au curé et aux marguilliers, c'était lui qui avait fait marcher l'église Saint-Pierre de Neville Square, il ne pourrait que s'abaisser en acceptant une nouvelle place. Il avait économisé une somme rondelette, mais insuffisante pour vivre sans rien faire et le coût de la vie qui semblait augmenter d'année en année. Il n'aurait jamais cru qu'il aurait à se soucier de toutes ces questions. Les bedeaux de l'église Saint-Pierre comme les papes de Rome étaient nommés à vie.

---

7. **lead, led, led** : *mener, conduire.*
8. **to run** : *diriger, faire marcher gérer.* **To run a firm** : *diriger une entreprise.*
9. **scarcely** est un adverbe de semi-négation qui a le sens de *à peine, guère.*
10. **situation** en anglais a aussi le sens de *situation, place, emploi* mais on lui préférera presque toujours **job, post.**
11. **to save** : *économiser, épargner, mettre de l'argent de côté.* **Savings** : *économies.* **Savings bank** : *caisse d'épargne.*
12. **tidy** a généralement le sens de *net, rangé, en ordre* mais il a aussi le sens familier de *assez important* quand il s'agit d'argent ou de prix.
13. **to cost, cost, cost** : *coûter.* **The cost of living** : *le coût de la vie.* **Cost price** : *prix coûtant, prix de revient.*

He had often thought of the pleasant reference the vicar would make in his sermon at evensong[1] the first Sunday after his death to the long and faithful service, and the exemplary character of their late[2] verger, Albert Edward Foreman. He sighed deeply. Albert Edward was a non-smoker and a total abstainer[3], but with a certain latitude ; that is to say he liked a glass of beer with his dinner and when he was tired he enjoyed a cigarette. It occurred to him now that one would comfort him and since he did not carry them he looked about him for a shop where he could buy a packet of Gold Flakes[4]. He did not at once[5] see one and walked on[6] a little. It was a long street, with all sorts of shops in it, but there was not a single one where you could buy cigarettes.

"That's strange," said Albert Edward.

To make sure he walked right up the street again. No, there was no doubt about it. He stopped and looked reflectively[7] up and down.

"I can't be the only man as walks[8] along this street and wants a fag," he said. "I shouldn't wonder but what a fellow might do very well with a little shop here. Tobacco and sweets[9], you know."

He gave a sudden start.

"That's an idea[10]," he said. "Strange 'ow[11] things come to you when you least expect it."

He turned, walked home, and had his tea[12].

"You're very silent this afternoon, Albert," his wife remarked.

---

1. **evensong** : *le service du soir* (dans l'église d'Angleterre).
2. Noter qu'ici **late** est en position d'épithète et qu'il a le sens de *feu, défunt, décédé*. **My late husband** : *feu mon mari*. Ne pas confondre avec **late** attribut qui est de beaucoup l'adjectif le plus fréquent et qui a le sens de *en retard*.
3. **a total abstainer = a teetotaller** : *un abstinent total, qqn. qui s'est engagé à ne pas boire d'alcool*.
4. **Gold Flakes** est une marque populaire de cigarettes anglaises. **Flake** : *un flocon* ; **snowflakes** : *des flocons de neige*, **corn flakes** : *flocons de maïs*.
5. **at once = immediately**.

Il avait souvent pensé aux références flatteuses, qu'à l'office du soir, le premier dimanche après sa mort, le curé ferait dans son sermon, aux longs et loyaux services et à la moralité exemplaire d'Albert Édouard Foreman, le regretté bedeau de la paroisse. Il poussa un profond soupir. Albert Édouard ne fumait pas et ne buvait pas d'alcool mais avec une certaine latitude, c'est-à-dire qu'il appréciait un verre de bière avec son dîner et qu'il fumait une cigarette avec plaisir quand il était fatigué. L'idée lui vint qu'en fumer une maintenant le réconforterait et, comme il n'en avait pas sur lui, il rechercha une boutique où il pourrait acheter un paquet de Gold Flakes. Il n'en vit d'abord aucune et il poursuivit sa marche un moment. La rue était longue, avec des boutiques de toutes sortes, mais pas une seule ne vendait de cigarettes.

– C'est bizarre, se dit Albert Édouard.

Pour en être bien sûr, il refit le trajet à l'envers. Non, il n'y avait pas le moindre doute. Il s'arrêta et en réfléchissant parcourut la rue des yeux.

– Je dois pas être le seul passant dans cette rue à vouloir fumer une sèche pensa-il. – Ça ne m'étonnerait pas qu'un type qui ouvrirait ici un petit magasin puisse très bien se débrouiller. A mon avis, tabac et bonbons.

Il sursauta.

– Voilà une bonne idée, se dit-il. – Curieux comme les choses vous viennent quand on s'y attend le moins.

Il fit demi-tour, rentra chez lui et dîna.

– Tu es bien silencieux, cet après-midi, Albert, fit observer sa femme.

---

6. **walked on** : *continua à marcher, poursuivit sa marche.* **On** indique la continuité : **go on** : *continuer*, etc…
7. **reflectively** : *avec réflexion, d'un air réfléchi.*
8. **…as walks** : emploi populaire et incorrect de **as** pour **that**.
9. **sweets** : *les bonbons.* **A sweet shop** : *un magasin de bonbons, une confiserie.* **Sweets** a aussi le sens de *dessert.*
10. m. à m. *c'est une idée.*
11. **'ow = how.**
12. **had his tea** : *prit son thé* (il s'agit en réalité du dîner, donc d'un véritable repas). **To have a meal** : *prendre un repas.* **To have a drink** : *prendre un verre, boire un coup.*

"I'm thinkin'[1]," he said.

He considered the matter from every point of view and next day he went along the street and by good luck[2] found a little shop to let[3] that looked as though[4] it would exactly suit[5] him. Twenty-four hours later he had taken it, and when a month after that he left St Peter's, Neville Square, for ever, Albert Edward Foreman set up in business as a tobacconist and newsagent. His wife said it was a dreadful come-down after being verger of St Peter's, but he answered that you had to move with the times[6], the church wasn't what it was, and 'enceforward[7] he was going to render unto Caesar[8] what was Caesar's. Albert Edward did very well. He did so well that in a year or so it struck him[9] that he might take a second shop and put a manager in[10]. He looked for another long street that hadn't got a tobacconist in it and when he found it, and a shop to let, took it and stocked it. This was a success too. Then it occurred to him that if he could run[11] two he could run half a dozen[12], so he began walking about London, and whenever[13] he found a long street that had no tobacconist and a shop to let he took it. In the course of ten years he had acquired no less than ten shops and he was making money hand over first[14]. He went round to all of them himself every Monday, collected[15] the week's takings[16], and took them to the bank.

---

1. **thinkin'** = thinking
2. **by good luck** = luckily
3. **a shop to let** : *un magasin à louer.* **To let** : *louer* pour un propriétaire ; **to rent** : *louer* pour un locataire. **The rent** : *le loyer.* Autres sens de **to let** : *laisser, permettre.*
4. **as though** = as if : *comme si.*
5. **to suit** : *aller, convenir.* **That suits me** : *cela me va, me convient.*
6. m. à m. : *bouger avec l'époque, avec son temps.*
7. **'enceforward = henceforward** : *désormais.*
8. **Caesar** est prononcé ['si:za].
9. m. à m. : *cela le frappa.* **To strike, struck, struck.**
10. m. à m. : *pour mettre un gérant dedans.* **Manager** : *un directeur, un gérant.* **To manage** : *diriger, gérer.* **Management** : *la gestion, la direction* (d'une entreprise).

– Je réfléchis, lui répondit-il.

Il examina la question sous tous les angles et, le lendemain, en repassant dans cette rue, la chance voulut qu'il trouva un petite boutique à louer qui paraissait lui convenir parfaitement. Vingt-quatre heures plus tard, l'affaire était conclue et quand, un mois après, il quitta pour toujours l'église Saint-Pierre de Neville Square, Albert Édouard Foreman s'installa comme marchand de tabac et de journaux. Sa femme lui déclara que c'était une terrible déchéance pour un ancien bedeau de l'église Saint-Pierre, mais il lui répondit qu'il fallait vivre avec son temps, que l'Église n'était plus ce qu'elle était et que désormais il allait rendre à César ce qui appartenait à César. Albert Édouard fit de très bonnes affaires. Il réussit si bien qu'au bout d'un an environ, l'idée lui vint qu'il pourrait prendre une deuxième boutique pour la mettre en gérance. Il rechercha une autre grande rue dépourvue de marchand de tabac et quand il l'eut trouvée ainsi qu'une boutique à louer, signa le bail et installa le stock. Ce fut encore une réussite. Puis il s'avisa que s'il pouvait faire marcher deux magasins, il pourrait tout aussi bien en faire marcher six. Aussi entreprit-il de parcourir Londres et chaque fois qu'il découvrait une grande rue sans marchand de tabac mais avec une boutique disponible, il la louait. Dix ans plus tard, il était propriétaire de pas moins de dix boutiques et il gagnait tout ce qu'il voulait. Tous les lundis, il faisait sa tournée pour encaisser les recettes de la semaine précédente et les apporter à la banque.

---

11. **to run a shop** : *diriger un magasin, gérer, faire marcher.*
12. Attention à l'ordre des mots : **half a dozen** : *une demi-douzaine.* Voir **half an hour**, etc…
13. **whenever = every time** : chaque fois.
14. m. à m. : *la main au-dessus du poing : haut la main, très rapidement et très facilement.* **To make money** : *gagner de l'argent.* **To make money hand over fist** : *s'enrichir rapidement.*
15. **collect** a le sens de *rassembler, de recueillir, de percevoir et d'encaisser.*
16. **the takings :** *la recette.* **The day's takings :** *la recette de la journée.* **A recipe :** *une recette de cuisine.*

One morning when he was there paying in a bundle[1] of notes and a heavy bag of silver[2] the cashier[3] told him that the manager would like to see him. He was shown[4] into an office and the manager shook hands with him.

"Mr Foreman, I wanted to have a talk to you about the money you've got on deposit[5] with us. D'you know exactly how much it is[6] ?"

"Not within a pound or two, sir ; but I've got a pretty[7] rough[8] idea."

"Apart from what you paid in this morning it's a little over thirty thousand pounds. That's a very large sum to have on deposit and I should have thought you'd do better to invest it[9]."

"I wouldn't want to take no risk[10], sir. I know it's safe[11] in the bank."

"You needn't have[12] the least anxiety. We'll make you out a list of absolutely gilt-edged securities[13]. They'll bring you in a better rate of interest than we can possibly afford to give you."

A troubled look settled on Mr Foreman's distinguished face.

"I've never 'ad[14] anything to do with stocks and shares[15] and I'd 'ave[16] to leave it all in your 'ands[16]," he said.

The manager smiled.

"We'll do everything. All you'll have to do next time you come in is just to sign the transfers."

---

1. **a bundle** : *un paquet, un ballot, un tas.*

2. **silver** : *l'argent (métal)* ; il s'agit ici des pièces de monnaie en argent : **silver coins.**

3. **cashier** a normalement l'accent sur la deuxième syllabe [kæ'ʃɪə'] mais on entend de plus en plus une accentuation sur la première syllabe.

4. **to show, showed, shown** : *montrer, faire voir.* **Show her in** : *faites-la entrer, introduisez-la* ; **show her out** : *reconduisez-la, raccompagnez-la.*

5. **a deposit account** : *un compte de dépôt* (dans une banque).

6. m. à m. : *savez-vous combien il y a exactement ?* **The amount** : *le montant.* **To amount to** : *s'élever à.*

7. **pretty** ici est un adverbe avec le sens de *à peu près, assez.* **I am pretty sure of it** : *j'en suis pratiquement sûr.*

8. **rough** a ici le sens de *à peu près, d'approximatif* **A rough idea** : *une vague idée.*

9. **you'd do better to invest it** = *you'd (had) better invest it*

182

Un matin qu'il y déposait une liasse de billets et un gros sac de pièces d'argent, le caissier lui dit que le directeur souhaitait le voir. On l'introduisit dans un bureau et le directeur lui serra la main.

– Monsieur Foreman, je voulais vous parler de l'argent que vous avez en dépôt chez nous. En connaissez-vous le montant exact ?

– Pas à une ou deux livres près, Monsieur le Directeur ; mais, en gros, je sais à peu près.

– Sans compter votre versement de ce matin, il y a un peu plus de trente mille livres. C'est une très grosse somme pour un compte de dépôt et j'ai pensé que vous feriez mieux de l'investir.

– J'voudrais pas prendre de risques, Monsieur le Directeur. Je sais que mon argent est en sécurité à la banque.

– Vous n'avez pas le moindre souci à vous faire. Nous allons vous établir une liste de valeurs de père de famille. Elles vous rapporteront un intérêt supérieur à tout ce que nous pouvons vous offrir.

Une expression d'inquiétude s'installa sur le visage distingué de M. Foreman.

– Je n'ai jamais eu affaire aux valeurs mobilières ; y faudrait que je vous laisse vous en occuper, dit-il.

Le directeur eut un sourire.

– Nous nous chargerons de tout. Tout ce que vous aurez à faire la prochaine fois que vous viendrez, ce sera de signer les ordres de virement.

(tournure la plus courante aujourd'hui). **I had better go** : *je ferais mieux de partir ; il vaudrait mieux pour moi que je parte.*

10. **I wouln't want to take no risk** = double négation populaire incorrecte pour **I wouldn't want to take any risk** : *je ne voudrais pas prendre de risques.*

11. **safe** : *en sécurité, sûr.* **A safe** : *un coffre-fort.* **Safe and sound** : *sain et sauf.*

12. **you needn't have** : **need** est ici auxiliaire et se conjugue comme tel, c'est-à-dire sans **do** et suivi de l'infinitif sans **to**. On pourrait aussi utiliser le verbe ordinaire et écrire : **you don't need to...**

13. **gilt-edged securities** : *valeurs de tout repos ; valeurs de père de famille* (en général des obligations).

14. **'ad = had.**

15. **stocks and shares** : *valeurs mobilières, obligations et actions.* **A shareholder** = **a stockholder** : *un actionnaire.*

16. **'ave = have ; 'ands = hands.**

"I could do that all right," said Albert uncertainly[1]. "But 'ow[2] should I know what I was signin'[2] ?"

"I suppose you can read," said the manager a trifle[3] sharply[4].

Mr Foreman gave him a disarming smile.

"Well, sir, that's just it. I can't. I know it sounds funny-like[5] but there it is, I can't read or write, only me name, an'[6] I only learnt to do that when I went into business."

The manager was so surprised that he jumped up from his chair[7].

"That's the most extraordinary thing I ever heard."

"You see, it's like this, sir, I never 'ad[8] the opportunity until it was too late and then some'ow I wouldn't. I got obstinate-like[9]."

The manager stared at[10] him as though he were[11] a prehistoric monster.

"And do you mean to say that you've built[12] up this important business and amassed a fortune of thirty thousand pounds without being able to read or write ? Good God, man, what would you be now if you had been able to ?"

"I can tell you that, sir," said Mr Foreman, a little smile on his still aristocratic features. "I'd be verger of St Peter's, Neville Square."

---

1. **uncertainly** : *d'une manière mal assurée, vaguement.*
2. **'ow = how ; signin' = signing.**
3. **a trifle = a little.**
4. **sharply** : *brutalement, brusquement.* **To answer sharply** : *répondre d'un ton brusque.*
5. **It sounds funny** : *ça a l'air drôle* (à entendre) **It looks strange** : *ça a l'air bizarre* (à voir). **It smells nice** : *ça a l'air bon* (à l'odeur), etc. **funny-like** = construction d'un adjectif avec le suffixe *like* pour créer un intensif : *vraiment bizarre.* **A Christian-like humility** : *une humilité vraiment chrétienne.* Il s'agit d'un style parlé, familier.
6. **me name = my name ; an' = and**
7. *m. à m. : qu'il sauta de sa chaise.*

– Ça je pourrai le faire, dit Albert, d'une voix mal assurée. Mais comment je saurai ce que je signe.

– J'imagine que vous savez lire, dit le directeur avec une certaine brusquerie.

M. Foreman lui adressa un sourire désarmant.

– Ma foi, c'est bien là le problème. Je ne sais pas. Je sais que ça a l'air vraiment bizarre mais c'est comme ça. Je ne sais ni lire ni écrire, sauf mon nom et encore j'ai appris ça quand je me suis lancé dans les affaires.

La surprise du directeur fut telle qu'il se leva d'un bond.

– Je n'ai jamais rien entendu d'aussi extraordinaire.

– Voyez-vous, Monsieur le Directeur, c'est comme ça ; j'ai jamais eu l'occasion d'apprendre avant que ça soit trop tard et quand j'ai pu, je sais pas pourquoi, j'ai plus voulu. Je me suis plutôt entêté.

Le directeur le regardait avec étonnement comme s'il avait affaire à un monstre préhistorique.

– Voulez-vous dire que vous avez développé cette importante affaire et amassé une fortune de trente mille livres sans savoir ni lire ni écrire ? Grand Dieu ! Que seriez-vous maintenant si aviez su ?

– Ça je peux vous le dire, Monsieur le Directeur, répondit M. Foreman avec un petit sourire sur son visage aristocratique. Je serai le bedeau de l'église Saint-Pierre de Neville Square.

---

8. **'ad = had ; some'ow = somehow** : ici, il est intéressant de constater une suppression du **h** médian et non pas initial, mais on peut aussi avancer que le mot est en fait composé de **some** et de **how**.

9. **obstinate-like** : voir note n° 6. **Obstinate = stubborn** : *entêté, obstiné*.

10. **to stare (at)** : *regarder fixement, regarder avec étonnement*.

11. **as though he were = as though (as if) he was** : *comme s'il était*. **Were** est le subjonctif de **to be** et s'utilise dans un registre plus recherché.

12. **to build, built, built.** Attention à la prononciation [bɪll, bɪlt, bɪlt].

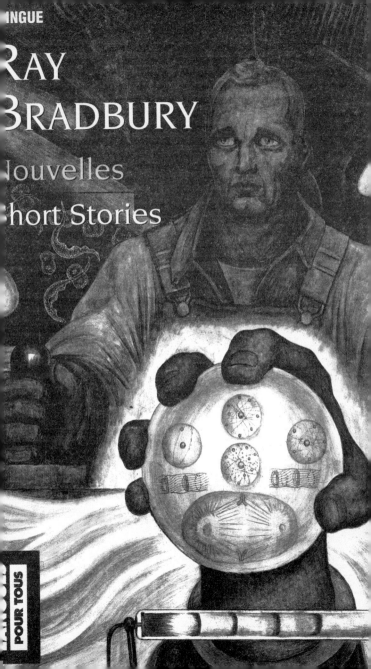

INGUE

RAY BRADBURY

Nouvelles
Short Stories

POUR TOUS

INGUE

IAN FLEMING

James Bond
en embuscade

From a View to a Kill

POUR TOUS

BILINGUE

LEWIS CARROLL

Les aventures d'Alice au pays des merveilles

Alice's Adventures in Wonderland

LANGUES POUR TOUS

Composé par DÉCLINAISONS et Atelier JOMI

Impression réalisée sur Presse Offset par

BRODARD & TAUPIN

GROUPE CPI

35035 – La Flèche (Sarthe), le 16-05-2006
Dépôt légal : juin 2006

POCKET – 12, avenue d'Italie - 75627 Paris cedex 13

Imprimé en France